LETTRES
DE SAINT ANTOINE

CORPUS
SCRIPTORUM CHRISTIANORUM ORIENTALIUM
EDITUM CONSILIO
UNIVERSITATIS CATHOLICAE AMERICAE
ET UNIVERSITATIS CATHOLICAE LOVANIENSIS
Vol. 148

SCRIPTORES IBERICI
TOME 5

LETTRES DE S. ANTOINE

VERSION GÉORGIENNE ET FRAGMENTS COPTES

ÉDITÉS PAR

GÉRARD GARITTE

LOUVAIN
IMPRIMERIE ORIENTALISTE
L. DURBECQ
1955

AVANT-PROPOS

L'existence d'un texte géorgien des Lettres de saint Antoine est connue, ou devrait l'être, depuis que Tsagareli a publié, en 1888, son inventaire des manuscrits géorgiens du Sinaï [1]; il y signale, en effet, sous le nº 80, un ms. contenant sept lettres d'Antoine, dont la première, dit-il, est mutilée en tête [2]. Cette indication fort sommaire de Tsagareli a été reprise par Kekelidze dans son inventaire des auteurs étrangers représentés dans la littérature géorgienne [3], puis par Peradze d'après Kekelidze [4].

Au cours de notre séjour au monastère du Sinaï [5], nous avons pu retrouver et examiner le ms. 80 de Tsagareli, qui porte aujourd'hui le nº 35 dans le fonds géorgien de la bibliothèque de Sainte-Catherine [6].

Nous avons découvert également le texte de deux des Lettres d'Antoine dans un autre ms. du Sinaï, le Sin. géorgien 25, où elles n'avaient pas été remarquées jusqu'ici.

LE COD. SIN. GÉORGIEN 35.

Ce codex [7] est un énorme ms. en parchemin, mesurant environ

1 A. Tsagareli, *Katalog gruzinskih rukopiseĭ Sinaĭskogo monastyrja*, appendice à *Pamjatniki gruzinskoĭ stariny v Svjatoĭ Zemlje i na Sinaje (Pravosl. Palestin. Sbornik*, IV, 1), St-Pétersbourg, 1888, p. 193-240.

2 *Katalog*, p. 232 : « Načinaetsja *(le ms.)* pervym poslaniem Sv. Antonija V. Fiveĭskago. Samago načala etogo poslanija nedostaet... Vsjeh poslaniĭ Antonija 7 ».

3 K. Kekelidze, *Uc'xo avtorebi jvels k'art'ul mcerlobaši*, nº 19, p. 107-108, dans *Tp'ilisis Universitetis Moambe — Bulletin de l'Université de Tiflis*, 8 (1928), p. 99-202.

4 G. Peradze, *Die alt-christliche Literatur in der georgischen Überlieferung*, dans *Oriens Christianus*, 3e série, 3-4 (1928-1929), p. 113.

5 Voir G. Garitte, *Expédition paléographique au Sinaï*, dans *Le Muséon*, 63 (1950), p. 119-121.

6 Le ms. Sin. géorgien 35 n'est pas décrit dans le catalogue de N. Marr, *Opisanie gruzinskih rukopiseĭ Sinaĭskogo monastyrja (Akademija Nauk SSSR)*, Moscou et Léningrad, 1940.

7 Pour une description plus détaillée de ce ms., et du Sin. géorgien 25,

345 × 275 mm., et comptant aujourd'hui 320 feuillets. L'écriture est une grande majuscule (*asomtʻavruli*), du Xe siècle, disposée en 2 colonnes de 25 ou 26 lignes ordinairement, et larges chacune de 95 à 100 mm. en moyenne; la surface écrite de chaque page mesure en moyenne 260 × 210 mm. La reliure est conservée, mais le dos du volume est cassé, et le ms. est aujourd'hui en trois morceaux (fol. 1-22, fol. 23-29 et fol. 30-320). Les cahiers sont signés dans la marge du dernier verso et (ou) du premier recto par de grandes majuscules, souvent en grec et en géorgien. Les Lettres d'Antoine se lisent du fol. 1 r au fol. 22 v; le premier fragment du codex est constitué actuellement comme suit :

1er cahier (fol. 1-7), signé (fol. 7 v) A et ა; le premier feuillet de ce premier cahier est perdu;

2e cahier (fol. 8-15), signé (fol. 8 r) B (milieu de la marge supérieure) et ბ (coin extérieur de la marge sup.); cahier intact;

3e cahier (fol. 16-22), signé (fol. 16 r) გ; le dernier feuillet de ce cahier est perdu.

Le second fragment du ms. (fol. 23-29) est un cahier détaché dont il manque le premier feuillet; le fol. 30 (premier du 5e cahier) fait suite normalement au fol. 29; entre le fol. 22 et le fol. 23, il manque donc 2 feuillets, le dernier du cahier 3 et le premier du cahier 4.

Le premier de ces deux feuillets manquants se trouve aujourd'hui à la Bibliothèque de l'Université de Gratz (Autriche) ; il fait partie d'un lot de 7 mss ou fragments de mss achetés par H. Schuchardt à Vienne, et qui semblent provenir tous du Sinaï [8]. Le feuillet appartenant au Sin. géorgien 35 a été décrit par Schuchardt lui-même dans un article écrit vers 1865-1867, et publié en 1928 par A.

nous renvoyons à notre catalogue des mss géorgiens du Sinaï, en préparation. Voir aussi notre article *Les Lettres de saint Antoine en géorgien*, dans *Le Muséon*, 64 (1951), p. 267-278, où nous avons décrit l'état du texte des Lettres dans les deux mss. On trouvera plus loin deux planches reproduisant l'une le fol. 6 v du Sin. géorgien 35, l'autre le fol. 73 r du Sin. géorgien 25. Nous avons publié un autre texte du Sin. géorgien 35 dans *Le Muséon*, 66 (1953), p. 97-102 *(Un fragment géorgien de l'Homélie IX de Sévérien de Gabala)*.

8 Voir G. Peradze, *Über die georgische Handschriften in Österreich*, p. 219, 220 avec note 2, 221 avec note 1, dans *Wiener Zeitschrift f. d. Kunde d. Morgenl.*, 47 (1940), p. 219-232.

Šanidze dans le *Moambe* de Tiflis [9]. L'année suivante, dans la même revue, Šanidze, décrivant les mss géorgiens de Gratz [10], publiait le texte complet du feuillet de Schuchardt [11]. Ce feuillet est le dernier d'un troisième cahier; la description très précise qu'en donne Schuchardt [12] correspond dans tous ses détails aux caractères du Sin. géorgien 35; son texte fait suite immédiatement à celui du fol. 22 v du ms. du Sinaï; au surplus la reproduction photographique partielle qu'en a donnée Šanidze permet de vérifier l'identité parfaite des deux écritures [13] : il n'y a donc aucun doute que le feuillet de Schuchardt est bien celui qui manque dans le Sin. géorgien 35 après le fol. 22.

Le ms. contient les Lettres suivantes :

1. [Première Lettre], inc. mutil. fol. 1 ra; des. fol. 4 va; il manque en tête du ms. le premier feuillet du premier cahier (voir ci-dessus). C'est la première Lettre de la collection latine (L 1).
2. *Antonii epistula secunda,* fol. 4 va-6 vb; = L 4.
3. *Antonii epistula III,* fol. 6 vb-9 rb; = L 5.
4. *Antonii epistula quarta,* fol. 9 rb-17 ra; = L 2.
5. *Epistula eiusdem Antonii quinta,* fol. 17 ra-21 ra; = L 3.
6. *Epistula Antonii sexta,* fol. 21 ra-22 vb (des. mutil.); = L 6. La fin de la 6e Lettre (nos 38-44) se trouve sur le feuillet de Gratz, r-v.
7. *Epistula Antonii septima,* feuillet de Gratz, va-b (des. mutil.) = L 7. La fin de cette 7e Lettre (nos 10-20) se trouvait sur le feuillet suivant (premier du cahier 4), feuillet qui est perdu.

LE COD. SIN. GÉORGIEN 25 (**B**).

Ce ms., le no 74 de Tsagareli [14], est un volume de petit format (165 × 140 mm.), comptant aujourd'hui 213 feuillets de parchemin.

9 H. Schuchardt, *Mittheilungen aus georgischen Handschriften,* dans *Tp'ilisis Universitetis Moambe — Bulletin de l'Université de Tiflis,* 8 (1928), p. 247-376; sur le feuillet en question ici, p. 371-376.

10 A. Šanidze, *K'art'uli xelnacerebi Grac'ši,* dans *Moambe,* 9 (1929), p. 310-353; comp. *Anal. Boll.,* 47 (1929), p. 393.

11 *Moambe,* 9 (1929), p. 350-351, no 7; reproduction photographique des 7 premières lignes du verso du feuillet, p. 351.

12 *Mittheilungen* (ci-dessus, note 9), p. 371-372.

13 Dans *Moambe,* 9 (1929), p. 351.

14 *Katalog* (cité ci-dessus, note 1), p. 228-229. Ce ms. n'est pas décrit non plus dans le catalogue de Marr cité ci-dessus, note 6.

Il est écrit en une minuscule d'aspect très grossier, qui date du Xe siècle au moins [15]. Le texte est disposé en une colonne de 15 à 18 lignes, mesurant de 110 à 125 × 90 mm. Le ms. est mutilé au début et à la fin [16]. Il contient, parmi des textes ascétiques divers, les deux Lettres suivantes :

1. *Antonii epistula septima,* fol. 70 v-73 r; = L 7.
2. *Antonii epistula tertia,* fol. 73 r-78 v; = L 5.

Ces deux mss nous fournissent donc ensemble un texte presque complet des 7 Lettres d'Antoine. Le Sin. géorgien 35 contenait la collection entière; complété par le feuillet de Gratz, il comporte encore deux lacunes qui lui ont fait perdre le début de la première Lettre (nos 1-11) et la fin de la septième (nos 10-20). Cette dernière Lettre se lit heureusement en entier dans le Sin. géorgien 25, qui contient également la troisième Lettre (= L 5), conservée aussi dans le ms. 35.

***

Du texte copte original des sept Lettres d'Antoine (**C**), on ne possède plus dans la tradition directe que deux feuillets d'un ms. du XIe siècle, paginés ⲛ̄ⲍ̄-ⲝ̄ et conservés à Naples (I. B. 1, no 345 = Zoega CLXXI [17]) ; ces deux feuillets portent une Lettre entière, numérotée 4 et correspondant à la 7e de la collection latine (fol. 1 ra-2 vb), ainsi que la fin de la Lettre précédente (fol. 1 ra = G 6, L 6, nos 48-51) et le début de la suivante (fol. 2 vb = G 3, L 5, nos 1-2 a). Le texte de ces deux feuillets a été publié par E. O. Winstedt [18].

A ces fragments de Naples, il faut ajouter des citations faites par Bésa dans des lettres inédites conservées dans le ms. copte de

[15] Tsagareli la date du VIIIe/IXe siècle; elle nous paraît plus récente; voir la planche II.

[16] Il l'était déjà quand Tsagareli l'eut en mains; voir *Katalog*, p. 229.

[17] Voir G. Zoega, *Catalogus codicum copticorum manu scriptorum qui in Museo Borgiano Velitris adservantur,* Rome, 1810, p. 363.

[18] E. O. Winstedt, *The Original Text of One of St Antony's Letters,* dans *The Journ. of Theol. Stud.*, 7 (1905-1906), p. 540-545.

Pl. I

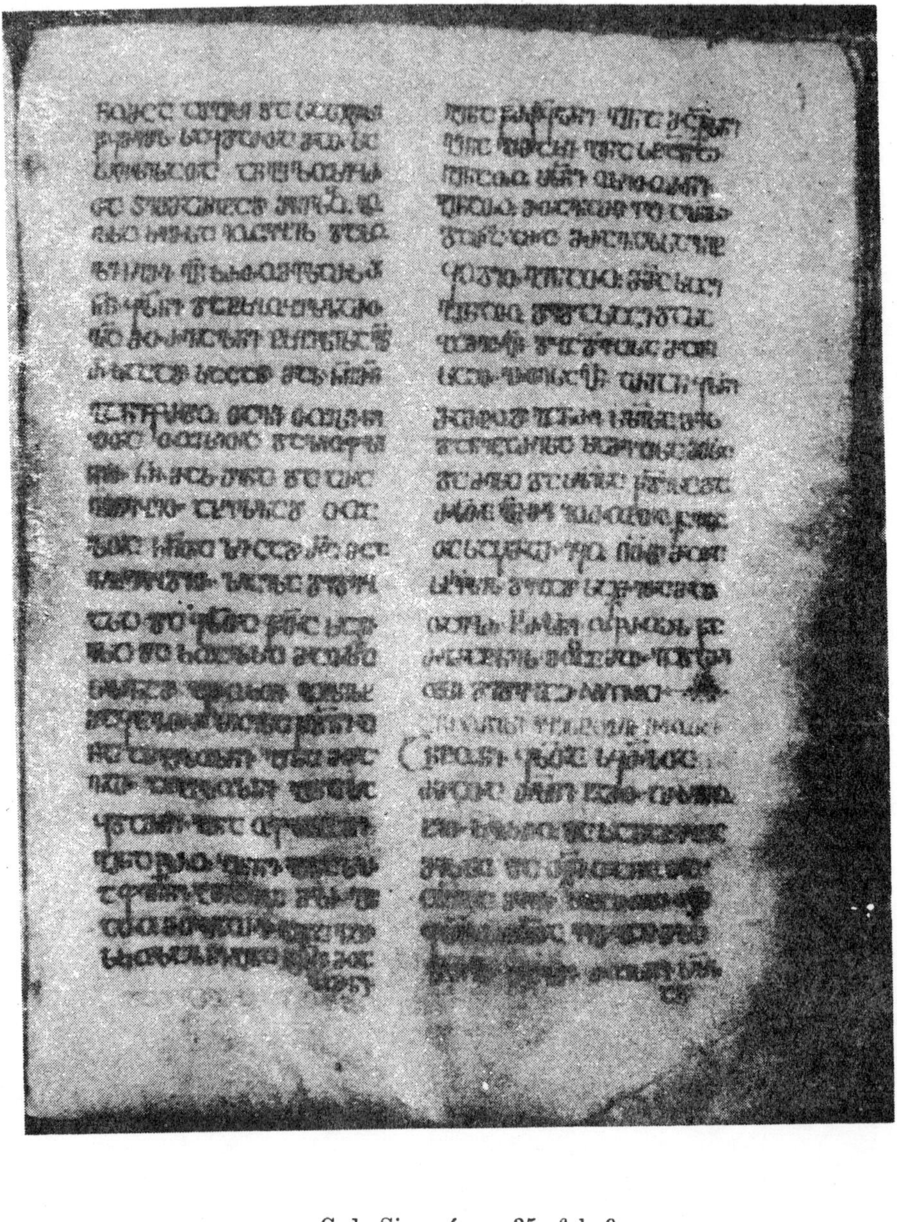

Cod. Sin. géorg. 35, fol. 9 r
(*Epist.* III, 37-42; IV, 1-2. Cfr *infra*, p. 16, 7-17, *8*)

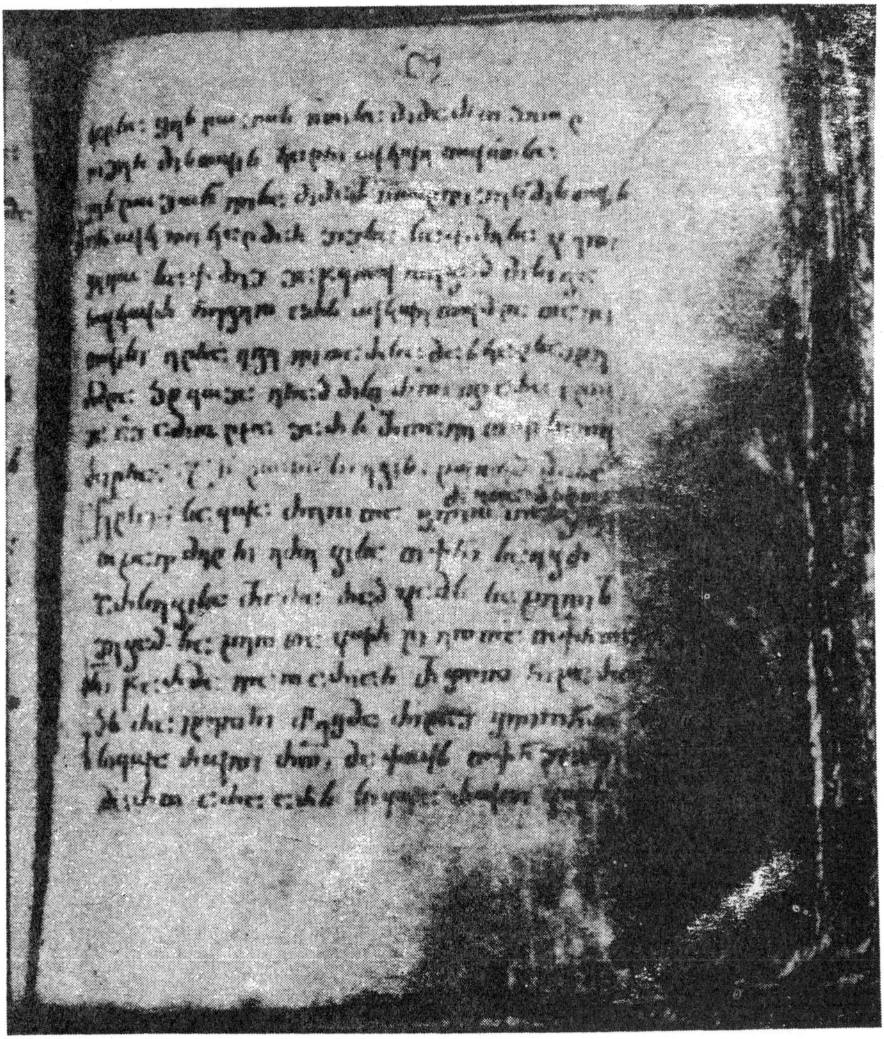

Cod. Sin. géorg. 25, fol. 73 r
(*Epist.* VII, 18-20; III, 1-2. Cfr *infra*, p. 45, *15*-46, *4*, et p. 11, *21*-12, *5*)

Londres, Br. Mus. Or. 8810 (Curzon 109) [19]; nous avons identifié et publié le texte de ces citations en 1939 [20]; Bésa cite les passages suivants de la 4e Lettre (= L 2) :

fol. 72 rb-73 vb, nos 29-41, 44;
fol. 68 ra-va, nos 35-38;
fol. 71 rb-vb, nos 98-99, 101.

Les fragments de Naples et les citations de Bésa sont réédités ici, d'après des photographies des mss, en dessous des passages correspondants du texte géorgien.

Les Lettres coptes d'Antoine furent traduites en grec, ainsi que l'atteste saint Jérôme [21] :

Antonius monachus... misit Aegyptiacas ad diversa monasteria apostolici sensus sermonisque Epistulas septem, quae in Graecam linguam translatae sunt, quarum praecipua est ad Arsenoitas.

Cette version grecque est perdue, et toutes les recherches que nous avons faites pour la retrouver sont restées jusqu'ici sans résultat [22]; un bref fragment en est toutefois conservé par un apophtegme (première Lettre, nos 35-41) [23].

[19] Ms. du VIIe siècle, 2 colonnes, 29-32 lignes. Voir P. Van Cauwenbergh, *Étude sur les moines d'Égypte depuis le concile de Chalcédoine (451) jusqu'à l'invasion arabe (640)*, Paris et Louvain, 1914, p. 5-6 et pl. I; K. H. Kuhn, *Besa's Letters and Sermons*, p. 227-229, dans *Le Muséon*, 66 (1953), p. 226-243. — M. Kuhn, qui prépare une édition des œuvres de Bésa pour le CSCO, a bien voulu nous faire savoir qu'il ne connaît pas d'autre citation des Lettres d'Antoine dans les écrits conservés de Bésa; il nous signale toutefois une réminiscence de *Epist.* IV 36 dans Zoega CCIV, p. 40 : ⲁⲩⲱ ⲉⲛϭⲛⲁⲣⲓⲕⲉ ⲉⲛⲉⲛⲉⲣⲏⲩ· ⲁⲩⲱ ⲉⲣⲟⲛ ⲁⲛ ⲙⲙⲓⲛ ⲙⲙⲟⲛ *et accusantes alterutrum et non nos ipsos.*

[20] G. Garitte, *A propos des Lettres de S. Antoine l'ermite*, dans *Le Muséon*, 52 (1939), p. 12-31.

[21] *De viris inlustribus*, 88, éd. E. C. Richardson, dans *Texte u. Unters.*, XIV, 1, p. 45, l. 8-12; PL, 23, col. 731 B.

[22] La Lettre grecque attribuée à Antoine par le cod. App. 46 de la *Stadtbibliothek* de Nuremberg n'est certainement pas de lui; nous l'avons publiée et commentée en 1942 : *Une Lettre grecque attribuée à saint Antoine*, dans *Le Muséon*, 55 (1942), p. 97-123.

[23] PG, 65, col. 84 A-B; texte reproduit par F. Nau, dans *Rev. Or. Chrét.*, 14 (1909), p. 286, note 1; on trouvera ce texte plus loin, au passage correspondant du géorgien.

Le texte grec existait encore au XVe siècle, car il fut alors traduit en latin; cette version latine (**L**), imprimée pour la première fois en 1516, est reproduite dans la PG, vol. 40, col. 977-1000 [24]; l'ordre des Lettres y est partiellement différent de celui de la version géorgienne (**G**).

En syriaque, la première Lettre seule est conservée [25]; ce texte syriaque (**syr.**) a été publié et traduit par F. Nau en 1909 [26].

En arabe, les 7 Lettres de la collection latine sont conservées (dans un ordre différent du latin et du géorgien) en tête d'un recueil de 20 Lettres attribuées à Antoine [27]; ce recueil a été traduit en latin par Abraham Echellensis en 1641 [28]; la traduction d'Echellensis est reproduite dans la PG, vol. 40, col. 999-1066 (**A**).

***

On voit que le texte géorgien des mss du Sinaï est le plus ancien témoin actuellement connu de l'ensemble des 7 Lettres d'Antoine; c'est un témoin d'une importance capitale; il constitue un élément essentiel, et désormais indispensable, pour la critique et l'interprétation de ces très anciens et très curieux documents monastiques, dont l'authenticité, niée sans examen jusqu'il y a peu, a été reconnue par des études récentes [29].

24 Voir G. Garitte, dans *Le Muséon*, 52 (1939), p. 17-18; 55 (1942), p. 97. La traduction latine a été rééditée par A. Erdinger, *Epistolae septem quae sub nomine Antonii abbatis circumferuntur*, Innsbruck, 1871.

25 A. Baumstark, *Geschichte des syrischen Literatur*, Bonn, 1922, p. 84 et note 1.

26 F. Nau, *La version syriaque de la première Lettre de saint Antoine*, dans *Rev. Or. Chrét.*, 14 (1909), p. 282-297.

27 Voir G. Graf, *Geschichte der christlichen arabischen Literatur*, I (*Studi e Testi*, 118), Vatican, 1944, p. 457-458 : éditions et mss.

28 D'après le ms. Vat. ar. 398 (XVe s.); voir G. Garitte, dans *Le Muséon*, 52 (1939), p. 18; Graf, ouv. cité note précéd., p. 458.

29 Voir notamment L. von Hertling, *Antonius der Einsiedler* (*Forsch. z. Gesch. d. innerkirchl. Lebens*, 1), Innsbruck, 1929, p. 58-65; F. Klejna, *Antonius und Ammonas. Eine Untersuchung über Herkunft und Eigenart der ältesten Mönchsbriefe*, p. 326-341, dans *Zeitschr. f. kath. Theol.*, 62 (1938), p. 309-348; G. Garitte, art. cité ci-dessus, note 20. Comp. M. Marx, *Incessant Prayer in Ancient Monastic Literature*, Rome, 1946, p. 18, note 20; H. Dörries, *Die Vita Antonii als Geschichtsquelle* (*Nachr. d. Akad. d. Wiss. in Göttingen*, Philol.-hist. Klasse, 1949, no 14), p. 376-378, note 26.

Le cadre du CSCO ne nous permet pas d'étudier ici dans le détail la valeur relative des différentes versions. Le texte le plus complet et le plus fidèle dont on disposait jusqu'ici était la version latine L, faite au XVe siècle sur le grec perdu; comme ont pu le constater tous ceux qui l'ont approchée, cette version est très obscure et souvent proprement incompréhensible : *propter intricatam verborum seriem, non facile potest intelligi,* disait Caillau[30]; le témoignage du texte géorgien permet désormais de voir que cette obscurité n'est pas imputable au traducteur latin, mais qu'elle est due pour une part à l'obscurité de l'original lui-même, et pour une part non moindre aux innombrables corruptions matérielles dont fourmille le texte latin imprimé.

*
* *

Dans la présente édition, nous reproduisons le texte du cod. Sin. géorgien 35, sauf pour les n°s 10-20 de la 7e Lettre, qui manquent à ce ms., et que nous empruntons au cod. Sin. géorgien 25. Pour la première partie de la 7e Lettre (n°s 1-9), et pour la 3e, qui sont communes aux deux mss, nous donnons en note les variantes du ms. 25 (**B**).

Dans son orthographe, le Sin. géorgien 35 présente la particularité d'écrire ordinairement უ pour ყ et უი pour ჳ ; ainsi, il écrit თუის (ou même თუს) pour თჳს; la finale -ჱ, -ეჲ est ordinairement rendue par -ეჱ ; nous respectons ces particularités de l'orthographe du ms., et dans la résolution des abréviations (très nombreuses) nous conservons la graphie უ pour ყ. Une autre particularité du Sin. géorgien 35 est l'emploi de l'alphabet grec, non seulement dans la signature des cahiers, mais même dans des titres; ainsi, la 3e Lettre (fol. 6 vb), la 4e (fol. 9 rb) et la 7e (feuillet de Graz) portent, outre leur titre géorgien, un intitulé géorgien écrit en caractères grecs[31].

30 Cité par F. NAU, dans *Rev. Or. Chr.*, 14 (1909), p. 282; comp. KLEJNA, art. cité note précéd., p. 332.

31 Voir sur cet usage curieux R. P. BLAKE, *Greek Script and Georgian Scribes on Mt. Sinai,* dans *The Harvard Theol. Rev.*, 25 (1932), p. 273-276 (sur le Sin. géorgien 35, p. 274, et fac-similés p. 275). Comp. la planche I.

Le cod. Sin. géorgien 25 écrit souvent ჲ au lieu de ი à l'initiale devant consonne (ჲვი pour ივი, p. ex.) ; nous n'avons pas tenu compte de cette particularité dans notre collation, et dans l'édition de VII 10-20, nous rectifions l'orthographe du ms. sur ce point.

Notre édition est établie à l'aide des microfilms exécutés en 1950 pour la *Library of Congress* par l'expédition à laquelle nous avons personnellement participé [32]. Des fol. 11 v-12 r du cod. 35, pages dont la photographie manque malheureusement dans le microfilm, nous avons obtenu des Pères du Sinaï, que nous remercions bien vivement, une excellente photo positive, grâce à l'intervention de M. le Professeur A. S. Atiya, du Caire. Nous publions également le texte du feuillet de Gratz (VI 39-VII 9) d'après une photographie [33].

Le tableau suivant [34] indique la disposition des 7 Lettres dans les collections géorgienne (G), latine (L), arabe (A) et copte (C) :

G	1	2	3	4	5	6	7
L	1	4	5	2	3	6	7
A	1	2	5	6	7	3	4
C	—	—	5	—	—	3	4

L	1	2	3	4	5	6	7
G	1	4	5	2	3	6	7
A	1	6	7	2	5	3	4
C	—	—	—	—	5	3	4

A	1	2	3	4	5	6	7
L	1	4	6	7	5	2	3
G	1	2	6	7	3	4	5
C	—	—	3	4	5	—	—

Outre qu'il dispose les Lettres dans un ordre différent, le texte géorgien s'écarte du latin sur les points suivants : 1) il omet dans

32 Voir ci-dessus, note 5. Comp. *Checklist of Manuscripts in St. Catherine's Monastery, Mount Sinai microfilmed for the Library of Congress 1950*, Washington, 1952, p. 19.

33 Comp. l'édition diplomatique et la reproduction photographique partielle qu'en a données Šanidze, dans *Moambe*, 9 (1929), p. 350-351.

34 Ce tableau doit se lire comme suit : G 1 = L 1; G 2 = L 4; G 3 = L 5; G 4 = L 2, et ainsi de suite.

G 5 (= L 3) entre le n° 58 et le n° 59 le passage correspondant à PG, 40, col. 990 D 7-992 A 1 ; 2) dans G, par rapport à L, la section II 12-26 est à la place de VI 17-36, et réciproquement ; l'arabe est sur ce point conforme au géorgien.

Nous avons introduit dans le texte des Lettres, comme dans leur traduction latine, une division en brefs paragraphes destinée à faciliter les références.

[ANTONII EPISTULA PRIMA]

12...] «რჩული უფლისაჲ უბიწო არს და მოაქცევს სულთა»[1], **13** და სხუასა ადგილსა იტყჳს : «განცხადებამან სიტყუათა შენთამან განმანათლოს მე და გონიერ ყვნეს ჩჩჳლნი»[2]; **14** და სხუა მრავალ არს რომელ ვერ ძალ გჳც ყოველივე თქუმად. **15** მესამეჱ შესავალი ესე არს : რომელნიმე გულფიცხელ იყვნეს პირველ[3] და საქმეთა შინა ცოდვისათა დადგრომილ იყვნეს ; და, ვინ უწყის, ესევითართა მათ ზედა სახიერმან ღმერთმან მოაწინნის შრომანი შერისხვითა, **16** ვიდრემდე ცნან შრომითა ამით, და შეინანონ, და მოიქცენ, და ქადაგებასა მას მოვიდენ, შეთჳინანონ ყოვლითა გულითა, და მოიხუნენ მათცა სათნოებანი იგი, ვითარცა იგი მათ რომელთა თჳს იგი პირველად ვთქუ. **17** ესე უკუე სამნი შესავალნი არიან სულთანი რომელნი იგი სინანულად მოვილენან[3], ვიდრე მიემთხუვნენ[3] მადლსა და წოდებასა ძისა ღმრთისასა. **18** არამედ ჰგონებ[4], რომელნი იგი შევიდეს ყოვლითა გულითა და დააწესნეს თავნი თჳსნი დათმენად ყოველთავე ღუაწლთა მკდომისათა ვიდრემდე სძლონ, **19** ვითარმედ პირველად ამათ უწესს სული წმიდაჲ და აღუმცირებნ მათ ყოველსა შინა რაჲთა დასტკბნეს მათ საქმეჱ იგი სინანულისაჲ ; **20** და დაუდვის მათ საზღვარი სახეჱ სინანულისაჲ ჴორცთა შინა და სულთა მათთა, **21** ვიდრემდე ასწაოს მათ სახეჱ მოქცევისაჲ თჳსისა მიმართ დამბადებელისა ღმრთისა ; **22** და მოსცის მათ იძულებაჲ სულსა შინა და ჴორცთა, რაჲთა ორნივე წმიდა იყვნენ და ეგრევე სახედ ორნივე მკჳდრ იქმნენ[5], **23** ჴორცნი მარხვითა მრავლითა და მღჳძარებითა ⟨...⟩[6] და სწრაფითა[7] და მსახუ-

1 *Ps.* XVII, 8. 2 *Ps.* CXVIII, 130. 3 Sic cod. 4 Sic cod. 5 Sic cod. 6 G om. *anima vero in spiritu* L (col. 978 B). 7 Leg. სწრაფებითა?

რებითა რომელსა იგი იქმნ ჴორცითა ; **24** და იიძულებინ ამას[8] ყოვლითავე[9] ნაყოფისგამოღებითა ჴორციელითა. **25** და სული იგი სინანულისაჲ მოძღუარ[10] ექმნის მათ ამათ შინა, და გამოცადნის იგინი ამათ შინა, რაჲთა არა მტერობამან მართუკუნ[11] აქცინნეს[12] იგინი. **26** მაშინ წინამძღუარმან სულთამან იწყის აზილვად თუალთა სულისა მათისათა, რაჲთა მოსცეს მათ თუისი სინანული რაჲთა წმიდა იყოს ; **27** და გონებამან განწვალებაჲ შორის მათსა მოსცის, და იწყის სწავლად სულითა მით განწმედად ჴორცთა და სულისა სინანულითა ; **28** და გონებაჲ იგი ისწავლებინ სულისა მის გან, და მიძღონ[13] ჩუენ სულისა მის და ჴორცთა მოქმედებასა, და წმიდა ჰყოფნ მათ, **29** და განჩინებასა მოსცემნ ჴორცთა მათ ნაყოფითა აღრეულისა მის გან ყოველთა თანა ჴორცისა ბუნებათა ვინაჲთგან იგი რჩულისა გარდასლვაჲ იქმნა ; **30** და მოართუამნ თითოეულსა ჴორცთასა მას ბუნებასა პირველისა მის ებრ დაბადებულისა ; **31** არა რაჲ აქუნ მას უცხოჲ მტერისა მის გან სულისაჲ. **32** და ჴორცნი იგი იქმნიან ჴელმწიფებასა ქუეშე გონებისასა, და ისწავლებინ იგი სულისა მის გან, მსგავსად სიტყუისა მის პავლის მოციქულისა : « აღვიკრძალავ ჴორცთა ჩემთა და დავიმონებ ».[14] **33** რაჲმეთუ გონებამან თავი[15] განიწმიდა საჭმელთა გან და სასუმელთა და ძილისა და ერთგზის ყოვლადვე ყოველთა მათ გან თავისა თუისსა[16] აღძრვათა, **34** ვიდრემდე ბუნებისა მის განცა თანაშერთვისა განიშორა იგი თუისითა მით სიწმიდითა. **35** და ჰგონებ[17] ვითარმედ სამნი აღძრვანი არიან მას შინა. **36** რაჲმეთუ არს ბუნებისაჲ იგი ჴორცთაჲ თანაშესუარულ მისა,

8 ამს sic cod. 9 ვე (= ვიდრე !) separate scriptum. 10 მძღუარ cod. 11 Sic. cod.; leg. მართლუკუნ? 12 Sic cod. 13 Sic cod.; leg. მიძღუინ. 14 1 *Cor.*, IX, 27. 15 Sic cod.; adde თუისი. 16 Sic cod., altero ს rescripto; leg. თუისისა. 17 Sic cod.; cf. I 18.

Apophthegmata, Antonius 22; PG, 65, col. 84 A-B.

Εἶπεν ὁ ἀββᾶς Ἀντώνιος· **35** *Λογίζομαι ὅτι* **36** *ἔχει τὸ σῶμα κίνησιν φυσικὴν συναναφυρεῖσαν αὐτῷ· ἀλλ' οὐκ ἐνεργεῖ μὴ*

არამედ ვერ იქმნების თჳნიერ სულისა მის ნებისა გარნა უწყებულ. **37** ხოლო არნ[18] ჴორცთა შინა არს[18] სხუაჲცა აღძრვაჲ, ზრდისა გან ჴორცთასა მრავლითა საჭმელითა და სასუმელითა და განჴურვებითა სისხლისაჲთა რომელ იგი საზრდელთა გან ჰბრძავნ ჴორცთა, რაჲმეთუ შესუარული იგი აღიძრის შუებისა მის გან; **38** ამის თჳს მოციქული იტყჳს: « ნუ დაითრვებით ღჳნითა, რომლითა არს სიბილწეჲ »;[19] **39** მერმე უფალი ამცნებს მოწაფეთა სახარებასა: « ეკრძალენით ნუკე[20] დამძიმდენ გულნი თქუენნი საჭმელითა[21] და სასუმელითა[22] », და შუებითა უფროის. **40** ხოლო რომელნი იგი ეძიებენ საზომსა მას სიწმიდისასა, თანაგუაც თქუამად[23] ვითარმედ « აღვიკრძალნე ჴორცნი ჩემნი და დავიმონნე ».[24] **41** მესამეჲ აღძრვაჲ არს უკეთურთა გან სულთა, რაჲმეთუ განსცდიედ შურითა და ჰნებავნ გარდაქცევად რომელთა იგი ჴელი შეყვიან თავისა თჳსისა განწმედასა. **42** ხოლო სამთა ამათ სახეთა უკუეთუ სულმან მიუჯგრძოს თავით თჳსით დათმენად წამებათა მათ შინა რომელნი იგი სულმან ასწავლნის გონებასა, განწმიდნის ორივე სენისა მის გან რომელ არს სამთა მათ შინა სახეთა;

18 არნ vel არს delendum. 19 *Ephes.*, v, 18. 20 Sic cod.; leg. ნუკუე (= ნუ უკუე). 21 საჭმლითა cod. 22 სასუმლითა cod. — *Luc.*, XXI, 34. 23 Sic cod. 24 1 *Cor.*, IX, 27.

θελούσης τῆς ψυχῆς· μόνον δὲ σημαίνει ἐν τῷ σώματι ἀπαθῆ κίνησιν. **37** *Ἔστι δὲ καὶ ἄλλη κίνησις, ἐκ τοῦ τρέφειν καὶ θάλπειν τὸ σῶμα βρώμασι καὶ πόμασιν· ἐξ ὧν ἡ θέρμη τοῦ αἵματος διεγείρει τὸ σῶμα πρὸς ἐνέργειαν·* **38** *διὸ καὶ ἔλεγεν ὁ Ἀπόστολος· « Μὴ μεθύσκεσθε οἴνῳ ἐν ᾧ ἐστιν ἀσωτία »·* **39** *καὶ πάλιν ὁ Κύριος ἐν τῷ εὐαγγελίῳ τοῖς μαθηταῖς ἐντελλόμενος εἶπε· « Βλέπετε μήποτε βαρηθῶσιν ὑμῶν αἱ καρδίαι ἐν κραιπάλῃ καὶ μέθῃ ».* **41** *Ἔστι δέ τις καὶ ἑτέρα κίνησις τοῖς ἀγωνιζομένοις, ἐξ ἐπιβουλῆς καὶ φθόνου δαιμόνων ἐπιγινομένη. Ὥστε εἰδέναι δεῖ, ὅτι τρεῖς εἰσι σωματικαὶ κινήσεις, μία μὲν φυσική, ἑτέρα δὲ ἐξ ἀδιαφορίας τροφῶν, ἡ δὲ τρίτη ἀπὸ δαιμόνων.*

43 ოკოეთოჳ დააცადოს თავით თოჳისით გონებაჲან წამებათა მათ შინა რომელთა სოლი იგი ოწამებს მას, მაშინ ოკეთორთა მათ სოლთა შეოთესიან შესოაროლებასა მას კორცთასა და ჰბრძვანედ მით აღძრვითა, **44** ვიდრემდე სოლი იგი დაშორეს და ემიებდეს ვითარმედ ვინაჲძი შეწევნაჲ მისი მოვალს, და მოაქციოს, და შებმა ოყოს სოლისათა მათ წამებათა, და განცოცხლდეს[25]; **45** მაშინ ჰრწამნ რაჲმეთუ განსოენებაჲ მისი ესე არს, დადგრომად ღმრთისა თანა, და რაჲმეთუ იგი არს მშოიდობაჲ მისი. **46** ესე ვთქოჳ სინანოლისა თოის კორცითა და სოლითა, და ვითარ იგი ჯერარს განწმედაჲ მათი; **47** და რაჟამს მოიღის ესევითართა სახეთა ღოაწლი გონებამან, მაშინ ევედრებინ სოლისა მის გან, და იწყის განწვალებად მშჯმინვერთა[26] მათ სენთა რომელნი მოვლენედ მის ზედა ნებათა გან თოისთა. **48** მაშინ იყო ზიარებაჲ სოლისაჲ და გონებისაჲ მცნებათა მათ გან დამარხვისა რომელნი იგი მისცნის მას, **49** და ასწავის მას განკორნებად ყოველივე სენი სოლისაჲ და თითოეოლი იგი მის გან განწვალებად აღრეოლი იგი რომელი მოეღო კორცთა მათ შინა ბონებათასა და სხოათაჲ მათ რომელნი იყვნეს თოსა[27] გან მისა სოლსა მას შინა თოინიერ კორცთა, თავით გან ვიდრე ფერკადმდე, თოისი იგი მისი ნებაჲ, რომელი აღრეოლად აქონდა მათ შინა. **50** თოალთა საზღვარი დაოდვის მართლ და წმიდად ხედვად, რაჲთა არა რაჲ მერმე ოცხოჲ რაჲმე ოქონდეს. **51** და მისა შემდგომად ყორთა სმენად მშოიდობად, და აღარა ჰნებავნ ძოირისსიტყოაჲ და არცა გინებაჲ კაცთაჲ სმენად, **52** არამედ ყოვლისავე განგებაჲ და მოწყალებაჲ ყოველთა მიმართ დაბადებოლთა ჰნებავნ, რაჲმეთუ ამათ შინა სნეოლ იყო ოდესმე. **53** მერმე კოალად ენასა ასწავის თოისი იგი სიწმიდჱ, რაჲმეთო ესევითარი იგი სენი განდიდებოლ იყო მისი, და რომლითაცა სნეოლ იყო მასცა იტყოდა, და მოსცის ენასა რომელ იგი საქმარ მისა იყო; ესე ოკოე სენი ომეტესად განდიდნა მისი ამით ასოჲთა რომელი იგი არს ენაჲ. **54** რაჲმეთუ

25 დ minusc. litt. sup. lin. 26 Sic cod.; leg. მშჯნვიერთა ? 27 Sic cod.; leg. თოისა.

იაკობ მოციქული წამებს და იტყუის : « რომელსა ეგონოს თავი თუისი რჩულიერ და არა აღუირ ასხნეს[28] ენასა თუისსა, თავსა თუისსა აცთუნებს და მისი იგი რჩულიერებაჲ ამაო არს »[29]; **55** მერმე კუალად სხუასა ადგილსა იტყუის ვითარმედ « ენაჲ მცირეჱ ასოჲ არს და დიდად მაღლოვის, რომელი შეაგინებს ყოველსა გუამსა »[30], და სხუაჲ მრავალი[31] რომელსა ვერ ძალ მიც აწ ყოველსავე თქუმად ; **56** უკუეთუ გონებამან შეუძლოს მოღებად სულისა მის გან, იგი პირველად განწმიდნების, და მაშინ გამოიძინნის[32] სიტყუანი, და მოსცის ენასა, რაჲთა არაჲ რაჲ აქუნდეს გულარძნილებაჲ გინა ნებაჲ გულისაჲ; **57** და სიტყუაჲ იგი სოლომონისი აღესრულების რომელ თქჳს : « ჩემნი სიტყუანი თქუმულ არიან ღმრთისა მიერ; არა არს მათ შინა ქცეულება არცა გულარძნილება »[33]; **58** მერმე კუალად იგივე სხუასა ადგილსა იტყჳს : « ენაჲ ბრძენთაჲ მკურნალ არს »[34], და სხუაცა მრავალ სიტყუა არიან. **59** და მერმე კუალად აღძრვანი მგნეთანი[35] ოდესთუჳ სადამე იყვნეს აღძრულ რომელთა შინა არა ჯერარს გონებისა მის ნებითა, ხოლო აწ[36] სულმან მან აწ[36] სიმტკიცეჱ ამათი განაჩინის სიწმიდედ ლოცვითა და მოწყალებითა, რაჲთა იგინი ამათ შინა იქმოდიან, **60** და ამათ ზედა სიტყუაჲ იგი აღესრულების ლოცვათა თუის : « აპყრობაჲ ჴელთა ჩემთაჲ მსხუერპლ[37] სამწუხრო »[38], და ვითარმედ « ჴელთა მგნეთაჲთა განამდიდრიან ».[39] **61** მერმე კუალად ჭამადი მუცლისა განწმიდის და სასუმელი მისი, დაღათუ უძღებებასა იგმევდა ამათ შინა (ოდესმე სულისა მის ნებითა აღრეულ[40] იყო მათა) გულისთქუმითა და უძღებებითა საჭმელთა და სასუმელთათა, **62** რომელნი იგი ეშმაკთა შეურინეს, რომელთა თუის სული წმიდაჲ იტყუის დავითის მიერ : « ამპარტავანისა თანა თუალითა და უძღებისა გულითა, ამის თანა არა

[28] Sic cod. [29] *Iac.*, I, 26. [30] *Iac.*, III, 5, 6. [31] მრავლი cod. [32] Sic cod. [33] *Prov.*, VIII, 8. [34] *Prov.*, XII, 18. [35] Leg. ჴელთანი, L *manuum* (col. 980 B), syr. ܐܝ̈ܕܘܗܝ *manuum eius*. [36] Sic cod. [37] მსხუეპლ cod. [38] *Ps.* CXL, 2. [39] *Prov.*, X, 4. [40] Leg. აღძრულ?

ვჭამდ »[41]. **63** უკუეთუ კუალად ეძიებდენ ამისსაცა სიწმიდესა, მერმე კუალად[42] სულმან საზღვარი დაუდვის მათ სიწმიდისაჲ საზომით კმად ჴორცთა ებრ ძალისა, **64** რაჲთა აღარა ჰქონდეს მას შინა გულისთქუმისა გემოჲ; **65** და ამას ზედა სიტყუაჲ იგი პავლეჱსი აღესრულების რომელ თქუმულ არს : « გინათუ სჭამდეთ, გინათუ სუმიდეთ, გინა რასავე იქმოდით, სადიდებელად ღმრთისა იქმოდეთ »[43]. **66** მერმე კუალად მოცლისა მიერ აღძრულთა სიძვისა გან გულისიტყუათა[44], კუალად გონებაჲ იგი ისწავლებინ სულისა მის გან და განჩინებაჲ მოსცის აღძრვათა მათ შინა სამთა სახეთა, და დაიჯერებნ სიწმიდესა, **67** რაჲმეთუ შემწედ აქუნ მას სული იგი და ძალსცემნ მას; და დაშრტიან აღძრვანი იგი სულისა მის გან ძალითა, და მშუდობა[45] ყვის ყოველსა მას გუამსა მოკლის აღძრვაჲ იგი; **68** და ესე იგი არს სიტყუაჲ პავლეჱსი მიერ თქუმული : « მოაკუდინენით ასონი ეგე ქუეყანისანი, სიძვაჲ, არაწმიდებაჲ, ვნებაჲ, გულისთქუმაჲ ბოროტი »[46], და შემდგომი ამათი. **69** მერმე ფერჴნი, უკუეთუ ოდესმე არა აქუნდა ცოცხალი სლვაჲ ღმრთისა მიმართ, კუალად გონებაჲ რომელი იგი იქმნა ერთვე ჴელმწიფებასა ქუეშე სულისასა, ესენი დააბრკოლნის სლვად ნებისა მის ებრ სულისა, **70** რაჲთა ვიდოდიან მსახურებასა უმჯობეჱსთა საქმეთასა, რაჲთა ყოველი გუამი იცვალოს და იქმნეს ჴელმწიფებასა ქუეშე სულისასა. **71** და ჰგონებ ვითარმედ ესე აწვე მოიღო ნაწილი რაჲმე სულიერისა მის გუამისაჲ ესევითარმან მან, რომელი მოღებად არს მართალთასა მას აღდგომასა. **72** ესე ვთქუ სულისათა მათ სენთა თჳს რომელი[47] მოეღო შერეულებაჲ ბუნებასა მას თანა ჴორცთასა, აღძრული მათ შინა, რომელი მოძღუარ იყო უკეთურთა მათ სულთა საქმითა ასოთა მათ შინა. **73** არამედ ვთქუავე ვითარმედ აქუნდეს რაჲმე[48] თჳსა გან სულსა მასცა სხუაჲ რაჲმე[48] თჳნიერ ჴორცთასა; აწ რომელნი არიან იგი გამოვიკითხნეთ ესენი. **74** რაჲმეთუ

41 *Ps.* C, 5. 42 კუალალად cod. 43 1 *Cor.*, X, 13. 44 Sic cod. 45 Sic cod. 46 *Col.*, III, 5. 47 Sic cod. 48 Sic cod.

ამპარტავანებაჲ სენი მისი არს თუინიერ ჴორცთა ; მაოცნებელობაჲ ეგრეცე სენი მისი არს თუინიერ ჴორცთა, და კუალად სილაღეჱ, და სიმოლილი, და შური, რისხვაჲ, და სულმოკლებაჲ, უთმინოებაჲ, და სხუანი მწოლილმწოლიადნი ამათნი. **75** უკუეთუ მისცეს თავი თუისი ღმერთსა ყოვლითა გულითა, მაშინ სახიერმან ღმერთმან მოსცეს მას სული სინანულისაჲ, და უწამებნ მას თითოეულთა მათ სნეულებათა, რაჲთა შეინანოს მათ თუის ; **76** და მკდომნი აბრკოლებედ მას და განსცდიედ მათ შინა, და არა უტეობედ[49] მას სინანულად ; **77** უკუეთუ დაითმინოს და ერჩდეს მასწავლელსა მას მისსა სულსა სინანულად, მაშინ დამბადებელი იგი სწყალობნ შრომისა მის თუის მონანულისა შრომითა მით ჴორციელითა, მარხვითა დიდითა, და მღვიძარებითა, და წრთოითა[50] მრავლითა[51] სიტყუასა ღმრთისასა, და ვედრებითა უმრავლეჱსითა, და უვარის ყოფითა სოფლისაჲთა და კაცობრივთა საქმეთაჲთა, და სიმდაბლითა, და სიგლახაკითა სულისაჲთა ; **78** და ამათ შინა ყოველთა მოითმენნ : მაშინ სახიერმან ღმერთმან იხილის მისი იგი მოთმინებაჲ განსაცდელთა შინა, შეიწყალის და შეეწევის მას. ამენ.

ანტონისი ებისტოლეჱ მეორეჱ

1 საყუარელთა და პატიოსანთა ძმათა ანტონი უფლისა მიერ გიკითხავ. **2** ჭეშმარიტად, საყუარელნო უფლისა მიერ, არა ერთსა ჟამსა ღმერთი მოხედვას ყოფდა დაბადებულთა ზედა თუისთა, **3** არამედ დასაბამით გან სოფლისაჲთ, რაჲოდენნი[1] მოვიდეს მრავლისშემოქმედისა[2] აღთქუმისა რჩულითა, ამათ თანა გამოუვალს ღმერთი თითოეულისა მის თანა სახიერებითა, მადლითა, სულითა თუისითა. **4** ხოლო მეტყუელთა მათ თჳს

49 Sic cod. 50 Sic cod.; leg. წურთითა? 51 Sup. lin. minusc. litt.
1 რაჲოდენი cod. 2 Sic cod.

ბუნებათა, რომელთა იგი აღთქუმისა[3] მის გან რჩულისა სული მათი და საცნობელნი გულთა მათთანი მკუდარ იქმნეს[4], ვითარმედ ვერღარა შემძლებელ იყვნეს იგინი გულისკმისყოფად პირველისა მის ებრ დაბადებისა, **5** ამას ვიტყჳ რაჲმეთუ ესენი პირუტყუ იქმნეს[4] ყოვლადვე, და მსახურებდეს დაბადებულსა და არა დამბადებელსა. **6** ხოლო შემოქმედმან ყოველთამან თუისითა მით დიდითა სახიერებითა მოხედვაჲ ჩუენი ყო აღთქუმისა[5] მის რჩულითა, რაჲმეთუ არსებაჲ არს უკუდავი. **7** და რაჲოდენნი იგი ღმრთის[6] იქმნეს[7] ⟨...⟩[8] თუისითა მით აღთქუმისა რჩულითა, და განისწავლნეს სულითა წმიდითა და მოიღეს შვილებისა იგი სული, **8** მათ შეუძლეს თაყუანისცემად თუისსა მას შემოქმედსა ვითარ იგი ჯერარს, რომელთა თუის პავლე მოციქული იტყუის ვითარმედ « არღა მოუღებიეს აღთქუმაჲ იგი ჩუენ თუის »[9]. **9** ხოლო თუისითა მით შეუნანებელითა სიყუარულითა ყოველთა შემოქმედსა უნდა მოხედვაჲ ჩუენთა მათ სნეულებათა[10] და განბნეულებათა, **10** აღადგინა მოსე რჩულისმდებელი, რომელმან მომცა ჩუენ რჩული წიგნითა, და გუიფუძნა ჩუენ სახლი ჭეშმარიტებისაჲ, რომელ იგი არს კათოლიკეჱ ეკლესიაჲ, რომელმან იგი დაჰბადა ერთობაჲ, რაჲმეთუ უნდა ღმერთსა მოქცევაჲ ჩუენი პირველსავე მას დასაბამსა ; **11** მოსე აღაშენა სახლი და არა აღასრულა, არამედ დაუტევა იგი და წარვიდა. **12** მერმე კუალად ღმერთმან აღადგინა კრებული წინაჲსწარმეტყუელთაჲ სულითა თუისითა, და აშეჱნეს მათაცა[11] საფუძველსა მას ზედა მოსესა, და ვერ შეუძლეს აღსრულებად მისა ; ეგრევე სახედ დაუტევეს იგი მათცა, და წარვიდეს. **13** და ყოველთავე სულითა შემოსილთა იხილეს წყლულებაჲ იგი რაჲმეთუ უკურნებელ იქმნა და რაჲმეთუ არა რაჲ დაბადებულთა განი შემძლებელ იყო განკურნებად,

3 აღთქმისა cod. 4 Sic cod. 5 აღთქმისა cod. 6 ღის cod. (i.e. ღმრთის), leg. ღირს *digni* ut L? 7 Sic cod. 8 Lacuna in sensu; cfr L *quotquot igitur digni habiti sunt gratia, et concreverunt per suam cardinalem legem* etc. (col. 992 C). 9 *Hebr.*, XI, 13 vel 39. 10 Prius ა sup. lin. 11 Sic cod.

14 გარნა მხოლოდშობილი, რომელ არს გონებაჲ ჭეშმარიტი მამისაჲ და ხატი მისი, რომლისა[12] ხატად თჳსისა[13] ხატისა შექმნა ყოველი მეტყუელი დაბადებული; **15** რამეთუ იცოდეს ამათ ვითარმედ მაცხოვარი არს დიდი იგი მკურნალი; შეკრბეს ყოველნი ერთბამად და შეწირეს ლოცვაჲ თჳსთა ასოთა თჳს, რომელ ესე ჩუენ ვართ; **16** ღაღადებდეს და იტყოდეს: « ნუკეთუჲ[14] მკურისკევი არა არსა გალადს, ანუ მკურნალნი არა არიან მუნ? რაჲსა არა აღვიდა[15] განკურნებად ასული ერისა ჩემისაჲ[16]? **17** ჳკურნებდით მას ჩუენ და არა განიკურნა; აწ ესერა დაუტევეთ და წარვედით მათ გან[17] ». **18** ხოლო ღმერთი გარდარეულითა მით სიყუარულითა მოვიდა ჩუენდა და წმიდათა მისთა მიერ იტყოდა: « ძეო კაცისაო, იქმენ თავისა შენისა ჭურჭერი[18] ტყუეობისაჲ[19] », **19** რამეთუ « იგი თავადი იყო ხატი ღმრთისაჲ, არა ნატაცებად შეირაცხა თავი თჳსი სწორებად ღმრთისა, არამედ თავი თჳსი დაიმდაბლა, და ხატი მონებისაჲ მოიღო, და მორჩილ იქმნა ვიდრე სიკუდილადმდე და სიკუდილითაღა ჯუარისაჲთა; ამის თჳს მიანიჭა მას ღმერთმან სახელი რომელ არს უზეშთაეს ყოველთა სახელთა, რაჲთა სახელისა მიმართ იესუჲ ქრისტეჱსისა ყოველი მუკლი მოდრკეს ზეცისათანი[20] და ქუეყანისათანი[20] და ქუესკნელთანი; ყოველმან ენამან აღიაროს რამეთუ უფალი იესუჲ ქრისტე სადიდებელად ღმრთისა მამისა »[21]. **20** აწ უკუე, საყუარელნო, სიტყუაჲ ესე ცხად იყავნ თქუენ შორის, რამეთუ სახიერებამან მამისამან არა ჳრიდა ჩუენ თჳს მხოლოდშობილსა თჳსა[22], არამედ მისცა იგი ჩუენ ყოველთა ცხორებისა[23] თჳს, მისცა იგი ცოდვათა ჩუენთა თჳს[24]; **21** და ურჩუჲლოებათა ჩუენთა დაამდაბლეს იგი, და წყლულებითა მისითა ჩუენ განვიკურნენით[25]; **22** და სიტყჳთა ძლიერებისა მისისაჲთა

12 Sic cod.; leg. რომელი. 13 Sic cod. 14 Sic cod.; თჲ sup. lin. (in fine lineae). 15 Prius ა add. postea. 16 *Ierem.*, VIII, 22. 17 *Ierem.*, XXVIII, 9 (Vulg. LI, 9). 18 Sic cod. 19 *Ezech.*, XII, 3. 20 Sic cod. 21 *Phil.*, II, 6-11. 22 Sic cod. 23 Sup. lin, minusc. litt. 24 *Rom.*, VIII, 32. 25 *Is.*, LIII, 5.

შემკრიბნა ჩუენ ყოველთა გან სოფელთა კიდით გან ქუეყანისაჲთ ვიდრე კიდედმდე სოფლისა; **23** და ყო აღდგომაჲ გონებათა ჩუენთაჲ და მოტევებაჲ ცოდვათა ჩუენთაჲ, და მასწავა ჩუენ რაჲმეთუ ასოებ ვართ ურთიერთარს. **24** გლოცავ თქუენ, ძმანო, სახელითა უფლისა ჩუენისა იესუჳ ქრისტჱსითა, გულისკმაყავთ დიდი ესე მოღუაწებაჲ, რაჲმეთუ მსგავს ჩუენდა იქმნა თჳნიერ ცოდვისა[26]. **25** და თანაად ყოველსა მეტყუელსა გონებასა[27], რომელთა[28] თჳს მაცხოვარი მოვიდა, განკითხვად თჳსი იგი სახჱ და ცნობაჲ[29] გონებისა თჳსისაჲ და განშორებისა მიცემად შოვრის ბოროტსა და კეთილსა, რაჲთა შეუძლონ განთავისუფალებად მოსლვითა მით მისითა; **26** რაჲმეთუ რომელნი იგი განთავისუფალდეს მოღუაწებითა მისითა იწოდნეს იგინი მონა ღმრთის[30], რომელ იგი არღა არს სრულება, არამედ სიმართლე თჳსა[30] მას ჟამსა და წინამძღუარ შვილებისა. **27** ხოლო იესუჳ მაცხოვარმან ჩუენმან გულისკმაყო რაჲმეთუ მიახლებულ არიან ესენი მოღებად სულსა მას შვილებისასა და იცნეს იგი, რაჲმეთუ ისწავეს სულისა გან წმიდისა, და რქუა მათ: « არღარა გიწოდე თქუენ მონად, არამედ ძმად და მეგობრად, რაჲმეთუ რავდენი მაუწყა მე მამამან გამოგიცხადე და გაუწყე თქუენ »[31]. **28** კადნიერ უკუე იქმნეს[32] გონებითა, რაჲმეთუ იცნნეს თავნი თჳსნი და გონიერი იგი თჳსი არსებაჲ, მოცეს კმაჲ და იტყოდეს: « დაღათუ გიცოდით შენ ოდესმე კორციელად, აწ არღარა ეგრეთ გიცით »[33]; **29** და მოიღეს შვილებისა იგი სული, ღაღადყვეს და იტყოდეს რაჲმეთუ « არა მოგუღებიეს ჩუენ სული მონებისაჲ კუალად შიშად, არამედ მოგუჳღებიეს ჩუენ სული შვილებისაჲ, რომლითა ვღაღადებთ: აბბა, რომელ იგი არს მამაო »[34]. **30** აწ, უფალო, გუიცნობიეს რომელ იგი მომანიჭე ჩუენ, რაჲმეთუ შვილნი ვართ ჩუენ და მკუიდრნი ღმრთისანი და თანამკუიდრნი ქრისტჱსნი[35]. **31** ხოლო ესე სიტყუაჲ ცხად იყავნ[36] თქუენდა,

26 *Hebr.*, IV, 15. 27 Sic cod.; leg. ბუნებასა. 28 Sic cod. 29 Sic cod. 30 Sic cod. 31 *Ioh.*, XV, 15. 32 Sic cod. 33 2 *Cor.*, V, 16. 34 *Rom.*, VIII, 15. 35 *Rom.*, VIII, 17. 36 იყვნ cod.

საყოარელნო, რაჲმეთო რომელმან არა განმზადოს თავისა თოისისა წარმართებოლებაჲ, და არა ღოაწლსა შინა იყოს ყოვლითა ძალითა, ოწყოდენ ესევითარმან რაჲმეთო მოსლვაჲ[37] იგი მაცხოვრისაჲ სასჯელ იქმნეს მას, **32** და რომელთამე საყნოსლად სიკოდილითი სიკოდიდ და რომელთამე საყნოსლად ცხორებითი[38] ცხორებად[39]; **33** რაჲმეთო დაცემად დგას იგი, და აღდგინებად მრავალთა ისრაჱლსა შორის, და სასწაოლად სიტყოისგებისა[40]. **34** გლოცავ თქოენ, საყოარელნო, სახელითა იესოჳ ქრისტჱსითა რაჲთა არა ოდებყოთ ცხორებაჲ თავისა თოისისაჲ, არამედ კაცადკაცადმან თქოენმან დაიპენ გოლი თოისი და ნო სამოსელი[41], ნოკოე ხატი ხოლო ესე შეგოემოსოს ცოდად და განომზადოთ თავთა თოისთა სარჩელი. **35** რაჲმეთო აწვე ესერა ჟამი მოახლებოლ არს რომელსა შინა გამოიცნენ კაცადკაცადისა ჩოენისა[42] საქმენი. **36** ხოლო მწოლილადთა მათ სიტყოათა თოის არიან სხოაცა მრავალ მიწერად თქოენდა; არამედ წერილ არს : « ეც მიზეზ ბრძენსა, და ობრძნეს იყოს »[43]. **37** გიკითხავ თქოენ ყოველთა ოფლისა მიერ მცირით გან ვიდრე დიდადმდე[44] ; **38** ხოლო ღმერთმან მშვიდობისამან დაგიცვენინ თქოენ ყოველნი, სახოარელნო. ამენ.

ⲈⲂⲒⲤⲦⲞⲖⲈⲎ ⲀⲚⲦⲞⲚⲒⲤⲒ Ⲅ გ :

ანტონისი ებისტოლჱ[1] გ[2].

1 ანტონი საყოარელთა შვილთა ძეთა ისრაჱლიტელთა[3]

37 ს sup. lin. 38 ცოხორებითი cod. 39 2 *Cor.*, II, 16. 40 *Luc.*, II, 34. 41 Cfr *Ioel*, II, 13. 42 ჩ(ოე)ნისა sup. lin., minusc. litt. 43 *Prov.*, IX, 9. 44 Cfr *Act.*, VIII, 10.

Epist. III in cod. Sin. geor. 25 (= B) quoque legitur (fol. 73 r-78 v).

1 ებისტოლეჲ B (*has variationes* ო/უ *et* ჱ, ეჱ/ეჲ, *frequentissimas, deinceps non notabimus*). 2 მესამ(ეჲ) B. 3 ძეთა ჲსტლთა sup. lin. B.

E cod. copt. Neapol. I. B. 1, nº 345 (Zoega CLXXI).

ⲞⲘⲀⲒⲞⲤ ⲀⲚⲦⲰⲚⲒⲞⲨ ⲈⲠⲒⲤⲦⲞⲖⲎ Ⲉ.

1 ⲀⲚⲦⲰⲚⲒⲞⲤ ⲈϤⲤϨⲀⲒ ⲚⲚⲈϤⲘⲈⲢⲀⲦⲈ ⲚϢⲎⲢⲈ ⲚⲒⲤⲢⲀⲎⲖⲒⲦⲎⲤ

გიკითხავ მეცნიერებისა[4] თქუენისა ებრ არსებისა, რაჲმეთუ არა რაჲ ჴამს სახელისდებაჲ სახელთა ჴორციელთა[5] თქუენთაჲ[6], რომელნი წარმავალ არიან, რაჲმეთუ შვილნი ხართ ისრაიტელნი[7]. **2** ჭეშმარიტად, შვილნო, რაჲმეთუ სიყუარული რომელ მაქუს თქუენდა მიმართ არა არს სიყუარული ჴორციელი[8], არამედ სიყუარული სულიერი[9] ღმრთისმსახურებისაჲ. **3** ამის თჳს არა მეწყინების ვედრებაჲ ღმრთისა ჩემისაჲ[10] დღეჱ და ღამე თქუენ თჳს, რაჲთა შეუძლოთ ცნობად მადლი იგი რომელი ქმნა თქუენდა მიმართ; **4** რაჲმეთუ არა ერთსა შინა[11] ჟამსა მოხედვასჰყოფს[12] ღმერთი თჳსთა დაბადებულთა, არამედ დასაბამით გან სოფლისაჲ[13] ღმერთი განაგებს თჳსთა დაბადებულთა, ნათესავად ნათესავად განაღჳძებს თითოელსა[14] მიზეზითა და მადლითა. **5** აწ[15], შვილნო, ნუ ოდებ იქმნებით ღაღადებად ⌜დღეჱ და ღამე[16] ღმრთისა მიმართ და აიძულებდით სახიერებასა მამისასა და ამის გამო მოგმადლოს თქუენ[17] ზეცით რომელმან გასწაოს[18] თქუენ ვიდრემდე[19] სცნათ რომელ[19a] იგი კეთილ არს თქუენდა. **6** ჭეშმარიტად, შვილნო, სიკუდილსა[20] შინა ჩუენსა დამკჳდრებულ ვართ, და სახლსა შინა ავაზაკისასა მყოფ ვართ, და საკრველითა სიკუდილისაჲთა შეკრულ ვართ. **7** აწ უკუე, ნუ სცემთ ძილს[21] თუალთა თქუენთა, ნუცა ჰრულილს[22] წამთა თქუენთა[23], რაჲთა შესწირნეთ თავნი თქუენნი მსხუერპლად ღმრთისა ყოვლითა სიწმიდითა, რომელი ვერ ვის ჴელეწიფების დამკჳდრებად თჳნიერ

4 Leg. მეცნიერისა. 5 ჴურციელთა B. 6 თქ(უე)ნთა B. 7 ჲსრაიტელნი (*hanc variationem* ი-/ჲ- *deinceps non notabimus*). 8 ჴურციელი B 9 სულიერი om. B. 10 ჩემისა B (*hanc variationem deinceps non notabimus*). 11 შინა om. B. 12 მოხედვაჰყფის B. 13 სოფლისაჲთ B. 14 თითოეულსა B. 15 აწ om. B. 16 დღეჲ და ღამეჲ post მიმართ B. 17 B add. შეწევნაჲ 18 გასწაუს B. 19 ვს (= ვიდრემდის) B. 19a რომელი B. 20 სივკუდილსა B. 21 ძილსა B. 22 ჰრული B. 23 *Ps.* CXXXI, 4.

ⲈⲦⲞⲨⲀⲀⲂ ⲔⲀⲦⲀⲦⲈⲨⲞⲨⲤⲒⲀ ⲚⲚⲞⲈⲢⲀ· ⲚⲤⲢⲬⲢⲒⲀ ⲀⲚ ⲚⲞⲚⲞⲘⲀⲌⲈ ⲚⲚⲢⲀⲚ ⲚⲚⲈⲦⲚⲤⲰⲘⲀ ⲚⲀⲒ ⲈⲦⲚⲀⲞⲨⲈⲒⲚⲈ, ϪⲈⲚⲦⲈⲦⲚϨⲈⲚϢⲎⲢⲈ ⲚⲒⲤⲢⲀⲎⲖⲒⲦⲎⲤ. 2 ⲀⲖⲎⲐⲰⲤ, ⲚⲀϢⲎⲢⲈ, ⲦⲀⲄⲀⲠⲎ Ⲉ[

სიწმიდისა. **8** ჭეშმარიტად, საყუარელნო უფლისა მიერ, სიტყუაჲ ესე ცხად იყავნ თქუენდა, რაჲთა კეთილსა იქმოდით, **9** რომლითა ყოველთავე[24] წმიდათა განუსუენებდეთ[25], და გულსმოდგინება სცეთ ანგელოზთა მსახურებასა[26], და სიხარულ[27] იესუჲსსაცა მოსლვასა, რაჲმეთუ არღა[28] სადა განსუენება აქუს ჩუენ თჳს ვიდრე აქა ჟამამდე[29], **10** და მეცა უბადრუკსა ამას, რომელი მყოფ ვარ თიკისა[30] ამას სახლსა, მომცეთ სიხარული სულსა ჩემსა. **11** ჭეშმარიტად, შვილნო, რაჲმეთუ სნეულებაჲ ესე ჩუენი და დამდაბლებაჲ ესე[31] ჩუენი სალმობა არს ყოველთა მათ წმიდათა, და ცრემლოვიან და სულთითქუმენ ჩუენ თჳს წინაშე ყოველთა შემოქმედისა; **12** და ამის თჳს ყოველთაჲ ღმერთი განრისხნების ბოროტთა ზედა საქმეთა ჩუენთა სულთქუმათა[32] მათ თჳს წმიდათასა. **13** კუალად ჩუენი იგი წარმატებულებაჲ[33] და სიმართლეჱ[34] ⌜გულსმოდგინებას სცემს[35] ერსა მას წმიდათასა, და ჰყოფენ ვედრებასა მრავალსა და მხიარულებასა სიხარულით წინაშე შემოქმედისა ჩუენისა; **14** და იგი თავადი[36] ყოველთა შემოქმედი იხარებს ⌜საქმეთა ჩუენთა ზედა[37] წამებითა მით ⌜წმიდათა მისთაჲთა[38], და მომანიჭებს ჩუენ ნიჭთა მათ უზომოთა[39]. **15** რაჲთა უკე[40] სცნათ[41] რაჲმეთუ ⌜ღმერთსა მარადის[42] უყუარან თჳსნი დაბადებულნი, რაჲმეთუ არსებაჲ ⌜არს უკუდავი[43], არა თანა[44]დაჴსნელი[45] ჴორცთა, **16** იხილა გონიერი იგი ბუნებაჲ რაჲმეთუ უფსკრულად შთაჴდა მომკუდარი ყოვლადვე სრულიად, და აღთქუმისა იგი რჩული განჴმა. **17** ხოლო ღმერთმან[46] თჳსითა სახიერებითა ამისა მოხედვა ყო მოსეს მიერ; **18** ხოლო მოსე დაფუძნა სახლი ჭეშმარი-

24 ყ(ოვე)ლთა B. 25 განუსუენოთ B. 26 კრებულსა B. 27 Sic cod. 28 რ sup. lin. 29 Sic cod. 30 თიკისასა B. 31 ესე om. B. 32 სულთთქუმათა B. 33 წარმატებაჲ B. 34 სიმრთელეჲ, რ sup. lin. B. 35 გულსმოდგინება ჰცემს sic B. 36 თავა რ (= რაჲმეთუ) sic B. 37 კეთილთა ზ(ედ)ა საქმეთა B. 38 წმიდათაჲთა B. 39 უზომოთო cod. 40 Sic cod., უკუე B. 41 ჰცნათ B. 42 მარადის ღმერთსა B. 43 არ უკდავი sic B. 44 თანანა cod., alt. ნა eraso. 45 თანაჴსნელი B. 46 ღმერთმან om. B.

ტებისაჲ, და ეგულვა განკურნებად დიდი იგი წყლულებაჲ, და უნდა მათი მოქცევაჲ პირველსავე მას ერთობასა, და ვერ უძლო[47], და განეშორა მათ გან. **19** მერმე კუალად კრებული წინაჲსწარმეტყუელთაჲ[48] აშეინებდა[49] საფუძველსა მას ზედა[50] მოხეჩსა[1], და ვერ[2] შეუძლეს განკურნებად დიდსა მას წყლულებასა ასოთა თუისთასა, და იხილეს რაჲმეთუ ძალი იგი მათი დასცხრა. **20** მერმე კუალად ყოველთა წმიდათა ერნი შეკრბეს ერთბამად და ლოცვაჲ შეწირეს წინაშე შემოქმედისა მათისა[3] და იტყოდეს: **21** «ნუკუე[4] მკურისკევი არა არს[5] გალადს[6], ანუ მკურნალი არა არს[7] მუნ? რაჲსა არა აღვიდა[8] კურნებად ასული ერისა ჩემისაჲ?[9] **22** უფალო, ჳკურნებდით[10] ბაბილონსა, და არა განიკურნა; ⌈აწ დაუტევეთ[11] და ვივლტოდით მის გან»[12]. **23** და ვითარცა სთხოვდეს[13] ყოველნი წმიდანი სახიერებასა მამისასა მხოლოდშობილისა მისისა თუის, უკუეთუ[14] არა მოვიდეს იგი[15] აქა, არა რაჲ[16] დაბადებულთა განი შემძლებელ არს განკურნებად დიდსა მას[17] წყლულებასა კაცთასა, **24** ამის მადლისა თუის მამამან თუისითა სახიერებითა ჴმაჲ მოსცა და თქუა: «ძეო კაცისაო, იქმენ თავისა შენისა ჭურჭერი[18] ტყუეობისაჲ[19] და წარმოტყუენე ნეფსით»[20]. **25** მამამან არა ჰრიდა მხოლოდშობილსა თუისა[21] ჩუენ ყოველთა ცხორებისა თუის, მისცა იგი ცოდვათა ჩუენთა თუის[22], **26** რაჲმეთუ ურჩულოებათა ჩუენთა[23] დაამდაბლეს, და წყლულებითა მისითა ჩუენ ყოველნი განვიკურნენით[24]; **27** და[25] შემკრიბნა ჩუენ კიდით გან სოფლისაჲთ ვიდრე ⌈კიდემდე სოფლისა[26], **28** და ყო[27] აღდგომაჲ გონებათა ჩუენთაჲ ქუეყა-

47 შეუძლო B. 48 წინაწარ- B. 49 აშენებდა B. 50 ზედა om. B. 1 მოხესხსა B. 2 ვერვე B. 3 ჩ(უე)ნისა B. 4 ნუ უკუე B. 5 არსა B. 6 გალაადს B. 7 არსა B. 8 B add. მუნ. 9 *Ierem.*, VIII, 22. 10 ვჳკურნებდით B. 11 დაუტევეთ აწ B. 12 *Ierem.*, XXVIII, 9 (Vulg. LI, 9). 13 თხოვდეს B. 14 B add. ჲგი 15 იგი om. B. 16 არა ვინ B. 17 ამას B. 18 ჭური B. 19 ტყუენვისაჲ B. 20 *Ezech.*, XII, 3. 21 Sic cod. 35; თუისსა B. 22 *Rom.*, VIII, 32. 23 B add. ჲგი. 24 *Is.*, LIII, 5. 25 და om. B. 26 კიდემდე მისსა B. 27 ყო om. B.

ნით, და მასწავა ჩუენ რაჲმეთუ ურთიერთარს[28] ასოებ[29] ვართ. **29** ეკრძალენით, შვილნო, ნუკუე[30] სიტყუაჲ იგი პავლესი[31] ჩუენ ზედა აღესრულოს, ვითარმედ « გუაქუნდეს ხოლო თუ[32] ხატი ღმრთისმსახურებისაჲ, და ძალსა მისსა უჳარს ვყოფდეთ »[33]. **30** აწ კაცადკაცადმან თქუენმან დაიპენ გული თქუენი[34] და ტიროდენ წინაშე მისა[35] და იტყოდენ : « რაჲ მივაგო მე[36] უფალსა ყოვლისა თჳს რომელი მომცა[37] კეთილი[38] ? » **31** მეშინის კუალად, შვილნო, ნუკუე[39] სიტყუაჲ იგი ჩუენ ზედა აღესრულოს ვითარმედ[40] : « რაჲმე[41] სარგებელ არს სისხლთა ჩემთა გან[42], შთათუვიდე[43] მე განსახრწნელსა[44] ? » **32** ჭეშმარიტად, შვილნო, ვითარცა ბრძენთა გზრახავ თქუენ, რაჲთა სცნათ რომელსა ესე გეტყჳ თქუენ ; ⸢და ამას გიწამებ თქუენ[45] : **33** უკუეთუ არა კაცადკაცადმან თქუენმან[46] მოიძულოს ყოველი ბუნებაჲ მიწისა განისაჲ მის მონაგებისაჲ, და იჯმნეს ⸢ამის გან[47] და[48] ყოველთა გან[49] საქმეთა მისთა ყოვლითა გულითა, და[50] განიპყრნეს ჴელნი გულისა მისისანი ზეცად ⸢მამისა[1] მიმართ ყოველთაჲსა, ვერ ჴელეწიფების ცხორებად. **34** უკუეთუ რომელ[2] იგი პირველ[3] ვთქუ ყოს, შეიწყალოს იგი ღმერთმან შრომისა ⸢მის მისისა[4] თჳს, და მოჰმადლოს მას უხილავი იგი ცეცხლი, და შეწუნეს[5] ყოველნივე[6] არაწმიდებანი მის გან, და განწმიდნეს[7] სული იგი მთავრობისა ჩუენისაჲ ; **35** და მაშინ სული წმიდაჲ დაემკჳდროს ჩუენ თანა და იესუ ჩუენ თანა მყოფ იყოს, და ესრეთ შეუძლოთ თაყვანისცემად ღმერთსა ვითარ იგი ჯერარს. **36** ხოლო ვიდრემდე მშვიდობაჲ გუაქუნდეს[8] სოფლისათა[9] ამათ ბუნებათა თანა,

28 ურთიერთას B. 29 ასუებ B. 30 ნუ უკუე B. 31 პავლეჲსი B. 32 თუ om. B. 33 უვარ ვჰყოფდეთ B; *Rom.*, II, 20; *Tit.*, I, 16? 34 Cf. *Ioel*, II, 13. 35 მისსა B. 36 მე sup. lin. minusc. litt. cod. 35; om. B. 37 B add. მე. 38 *Ps.* CXV, 12. 39 ნუ უკუე B. 40 ვითარმედ om. B. 41 რაჲ B. 42 განი B. 43 უკუეთუ შთავიდე B. 44 განსაგრწნელსა B; *Ps.* XXIX, 10. 45 om. B. 46 თქ(უე)ნგანმან B. 47 მის გან B. 48 და om. B. 49 ყოველთავე B. 50 და sup. lin. B, 1 Litt. circ. 4 erasae cod. 35. 2 რომელი B. 3 პირველად B. 4 მის მისისა om. B. 5 შეწვნეს B. 6 ყოველნი, B. 7 განწმიდოს B. 8 გუაქნდეს B. 9 სოფლისა B.

მტერ ვართ ღმრთისა და ანგელოზთა მისთა და ყოველთა წმიდათა მისთა. **37** ხოლო აწ, საყუარელნო, გლოცავ თქუენ სახელითა უფლისა ჩუენისა იესუ ქრისტესითა, რაჲთა არა უდებ ჰყოთ ცხორებაჲ თქუენი[10], და[11] ნუმცა არცხუენს[12] მცირჱ ესე ჟამი დაუსრულებელსა მას ჟამსა[13], ნუცამცა ტყავი ჴორცთაჲ განხრწნადი არცხუენს სასუფეველსა ნათლისასა გამოუთქუმელსა[14] ნუმცა ადგილი დასასჯელი[15] წყმედს[16] საყდართა მათ სასჯელისათა[17] ანგელოზებრთა[18]. **38** ჭეშმარიტად, შვილნო[19] გულსა ჩემსა ეუცების და სული ჩემი განკრთომილ არს, რამეთუ ჩუენ ყოველნი დატკბობილ ვართ ვითარცა მთრვალნი ტკბილისა გან, **39** რამეთუ კაცადკაცადმან ჩუენმან განიფრდუ[20] თავი თჳსი ნებითა თჳსითა, და ვიუფლჱნით ჩუენ მას შინა, და არა ვინებეთ ხილვად თუალთა ჩუენთა ზეცად, რაჲთამცა ვეძიებდეთ[21] ზეცისა დიდებასა და ყოველთა წმიდათა საქმესა ⸢და კუალსა მათსა სლვად[22]. **40** აწ უკუე გულისხმაყავთ რამეთუ ზეცისა წმიდანი გინა ანგელოზნი გინა მთავარანგელოზნი გინა საყდარნი გინა უფლებანი გინა ქერობინნი გინა სერაფინნი გინათუ მზჱ გინათუ მთოვარჱ გინა ვარსკულავნი ⸢გინა მამათმთავარნი[23] გინა წინაჲსწარმეტყუელნი[24] გინა მოციქულნი გინა ეშმაკი გინა სატანაჲ გინათუ[25] სულნი უკეთურნი გინათუ მთავარი იგი აერისაჲ[26], და, რაჲთა არა მრავალსა ვიტყოდით[27], გინათუ მამაკაცი გინათუ დედაკაცი დასაბამით გან დაბადებისა მათისაჲთ ერთისა გან არიან ყოველნი[28], მარტოდ განრე[29] სრულისა[30] მის და ნეტარისა სამებისა მამისა და ძისა და სულისა წმიდისა; **41** და რომელთაგანმე ბოროტთა[31] ქცევათა საკმარ იყო ღმრთად მათა[32]

10 თავისა თჳსისაჲ B. 11 და om. B. 12 არცხუენ sic cod. 35; არცხუენს B. 13 ცხორებასა B. 14 გამოუთქუმელსა sic cod. 35. 15 დასარჩელი B. 16 წარსწყმიდეს B. 17 სარჩელისათა B. 18 ანგელოზთა B. 19 ნ sup. lin., litt. minusc. cod. 35; B add. ჩემნო. 20 განფრთუ B. 21 ვეძიებდით B. 22 და — სლვად om. B. 23 მმდ- sic cod. 35; გინა მამათმთავარნი om. B. 24 წრწყლნი sic cod. 35; წინაწარ- B. 25 გინა B. 26 ჰაერისაჲ B. 27 ვიტყოდი B. 28 ყოველნი om. B. 29 გარე B. 30 სულისა sic B. 31 ბოროტად B. 32 მათთა B.

სახელისდებად საქმეთა მათთა ებრ; **42** ხოლო რომელნი უფროჲს წარემატნეს, მოსცა[33] მათ გადარეული დიდებაჲ.

ႠႬႲ(Ⴍ)ႬႨႱႨ Ⴃ.

ანტონისი ებისტოლეჱ მეოხჱ.

1 ანტონი ყოველთა საყუარელთა ძმათა რომელნი ხართ არსენოტით კერძო და სანახებსა მისსა და თქუენ თანათა უფლისა მიერ სიხარული. **2** თქუენ ყოველთა რომელთა ეგე განმზადენით თავნი თუისნი სლვად ღმრთისა მიმართ გიკითხავ უფლისა მიერ, საყუარელნო, მცირით გან ვიდრე დიდადმდე, მამაკაცით გან ვიდრე დედაკაცამდე[1], შვილთა ისრაჱლიტელთა წმიდათა გონებისა ებრ თქუენისა არსებისა. **3** ჭეშმარიტად, შვილნო, დიდი ნეტარებაჲ თქუენდა იქმნა, რაჲმეთუ დიდი მადლი დადებული[2] გექმნა თქუენ მაგას თქუენსა ნათესავსა; **4** შეგიგავს უკუე თქუენ, მის თუის რომელმან იგი მოხედვა ყო თქუენდა, რაჲთა არა მოიწყენოთ, რომელ იგი ღუაწლსა შინა ხართ, ვიდრემდე შესწირნეთ თავნი თუისნი მსხუერპლად ღმრთისა ყოვლითა სიწმიდითა, რომლისა თუინიერ ვერ ვის ჴელეწიფების იგი დამკუიდრებად. **5** ჭეშმარიტად, საყუარელნო, დიდ არს ესე თქუენდა კითხვად გულისხმისყოფისა თუის გონიერისა მის თუის[3] არსებისა, რომელსა შინა არა არს მამაკაც და დედაკაც, არამედ არსებაჲ არს უკუდავი, რომელსა დასაბამი აქუს, ხოლო აღსასრული არასადა. **6** ჯერ არს ცნობად მის თუის ვითარ იგი ყოვლითურთ გარდამოვარდა ესოდენსა სიმდაბლესა და დიდსა სირცხუილსა, რომელი ჩუენ ყოველთა ზედა მოიწია; რაჲმეთუ არსებაჲ არს უკუდავი, ვერ თანადაჴსნელი ჴორცთა. **7** ამის თუის ღმერთმან იხილა ამისი იგი წყლულებაჲ, რომელი უკურნებელ იყო, და

33 ს sup. lin. cod. 35; მისცა B.

1 Sic cod. 2 Post და, sup. lin. მ minusc. litt. 3 თუის delendum.

რაჲმეთუ განდიდნა ფრიად; **8** შენდობითა მისითა მოხედვაჲ მათი ყო, თჳსითა სახიერებითა შემდგომად ჟამთა რჩული მოსცა მათ და შეწევნა სცა მათ მოსეის მიერ მოცემად მათა რჩული. **9** და მოსე დაუფუძნა მათ სახლი ჭეშმარიტებისაჲ და უნდა განკურნებად დიდისა ამის წყლულებისაჲ და ვერ უძლო აღსრულებად სახლისა მის შენებაჲ. **10** მერმე კუალად ყოველნი იგი კრებულნი წმიდათანი შეკრბეს ერთბამად, და სთხოვდეს მამისა სახიერებასა მაცხოვრისა ჩუენისა თჳს, რაჲთა მოვიდეს ჩუენდა ცხორებისა თჳს ჩუენ ყოველთაჲ, **11** რაჲმეთუ იგი არს დიდი და სარწმუნოჲ მღდელთმოძღუარი ჩუენი და ჭეშმარიტი მკურნალი, რომელი შემძლებელ არს განკურნებად დიდსა მას წყლულებასა. **12** ამის თჳს ნებითა მამისაჲთა დაიმცირა თავი თჳსი დიდებისა გან თჳსისა; ღმერთი იყო და ხატი მონებისაჲ მოიღო[4], **13** და მისცა თავი[5] ცოდვათა ჩუენთა თჳს; და ცოდვათა ჩუენთა იგი დაამდაბლეს, არამედ წყლულებითა მისითა ჩუენ ყოველნი განვიკურნენით[6]. **14** ამის თჳს, საყუარელნო შვილნო ჩემნო უფლისა მიერ, უწყებაჲ თქუენი მნებავს[7] რაჲმეთუ ჩუენისა თჳს სისულელისა ხატი სისულელისაჲ მოიღო[8], და ჩუენისა თჳს უძლურებისა ხატი უძლურებისაჲ მოიღო, და ჩუენისა თჳს სიგლახაკისა ხატი სიგლახაკისაჲ მოიღო, და ჩუენისა თჳს სიკუდილისა ხატი მოკუდავისაჲ შთაიცუა, და ამას ყოველსა შინა დაითმინა ჩუენ თჳს. **15** ჭეშმარიტად, სახუარელნო უფლისა მიერ, თანაგუაც რაჲთა არა ვსცეთ თუალთა ჩუენთა ძილ და არცა ჰრულილ წამთა ჩუენთა[9], **16** რაჲთა ვითხოვდეთ და ვაჲძულებდეთ სახიერებასა მამისასა, ვიდრემდე თანაგამოვიდეს, და ამით განსუენება ვსცეთ მოსლვასა იესუჲსა, და ძალი წმიდათა მსახურებასა, რომელნი გუიქმან ჩუენ ქუეყანასა ჟამსა უდბობისა ჩუენისასა, და გულსმოდგინება ვსცეთ მათ შეწევნად ჩუენდა ჟამსა ჭირისა ჩუენისასა; მაშინ რომელმან იგი სთესოს და რომელი იგი მკიდეს იხარებდენ[10]. **17** უწყებაჲ თქუენი მნებავს, შვილნო, მრავალი

4 *Philipp.*, II, 6, 7. 5 Supple თჳსი. 6 *Is.*, LIII, 5. 7 ს sup. lin.
8 1 *Cor.*, I, 27. 9 *Ps.* CXXXI, 4. 10 იხარედენ sic cod.

იგი ურვაჲ ჩემი რომელი მაქუს თქუენ თჳს, რაჲმეთუ ვხედავ დიდსა სირცხჳლსა მოწევნულსა ჩუენ ყოველთა ზედა, **18** და განვიცდი მრავალსა შრომასა წმიდათასა და სულთქუმასა მათსა რომელსა აღმოუტეობენ[11] მარადის ჩუენ თჳს ღმრთისა წინაშე, **19** რაჲმეთუ ხედვენ ყოველსა მას შრომასა თჳსისა შემოქმედისასა, და ხედვენ მძჳრისზრახვათა ყოველთა მათ ეშმაკისათა და მსახურთა მისთასა, რომელსა იგი მძჳრსა ზრახვენ ჩუენისა წარწყმედისა თჳს მარადის **20** რაჲმეთუ ნაწილი მათი ჯოჯოხეთს ყოფად არს, და ამის თჳს ჰნებავს ჩუენი წარწყმედაჲ მათ თანა ყოფად სიმრავლითურთ. **21** ჭეშმარიტად, სახუარელნო უფლისა მიერ, ვითარცა ბრძენთა გეტყჳ თქუენ[12], რაჲთა ჰცნათ ყოველივე მოღუაწებაჲ შემოქმედისა ჩუენისაჲ, რომელი იქმნა ჩუენ თჳს, რომელნი[13] იგი მოხედვასა ჩუენსა ჰყოფენ[13] ცხადითა და დაფარულითა ქადაგებითა; **22** რაჲმეთუ ჩუენ ვართ რომელთა იგი გურქუიან პირმეტყუელ, და შეგჳმოსიეს გონებაჲ პირუტყუთაჲ. **23** ანუ თქუენ არა იცნით მრავალნი იგი მანქანებანი და ჴელოვნებანი ეშმაკისანი რაბამ არიან, რაჲმეთუ მაშინდით განვე გუეშურობენ[14] ჩუენ **24** ვინაჲთგან ცნეს მათ ვითარმედ ჴელი შევყავთ ცნობად სირცხჳლისა ჩუენისა და რაჲმეთუ მოვიძიეთ სახეჲ სივლტოლისაჲ საქმეთა მათთა გან რომელსა[15] იქმან ჩუენ თანა, **25** და არა ხოლო მორჩილებად ბოროტთა მათ ზრახვათა მათთა რომელთა სთესვენ ჩუენ შორის რაჲთამცა გუაქუნდა[16], არამედ მრავალნიცა ჩუენ განნი ეკიცხევენ მათთა მათ მანქანებათა, **26** და მათ იციან მოტევებაჲ იგი შემოქმედისა ჩუენისაჲ, რაჲმეთუ ესე სიკუდილ იქმნა მათა ამას სოფელსა, და მათ თჳს განემზადა დამკჳდრებად გეჰენიაჲ მათისა მის უდბობისა თჳს. **27** უწყებაჲ თქუენი მნებავს, შვილნო, რაჲმეთუ არა დავსცხრები ვედრებითა ღმრთისა მიმართ თქუენ თჳს ღამე და დღეჲ, **28** რაჲთა აგე-

11 Sic cod. 12 1 *Cor.*, x, 15. 13 Sic cod.; მოღუაწებაჲ et seq. in plurali forma esse debent; cf. L. *dispensationes pro nobis factas, quae et visitationem nostri faciunt* (col. 982 D). 14 გუეშურობნ sic cod. 15 Sic cod. 16 Sic cod.

ხილნეს თქუენ ღმერთმან თუალნი გულისა თქუენისანი რაჲთა ხედვიდეთ თქუენ მრავალთა მათ დაფარულთა უკეთურებათა მათთა რომელთა იგი დღითი დღედ მოაწევედ ჩუენ ზედა აწინდელსა ამას ჟამსა. **29** მნებავს რაჲთა ღმერთმან მოგცეს თქუენ გული მეცნიერებისაჲ და სული განკითხვისაჲ, რაჲთა შეუძლოთ შეწირვად გულთა თქუენთა მსხუერპლად წმიდად წინაშე მამისა მრავლითა სიწმიდითა უბიწოდ. **30** ჭეშმარიტად, შვილნო, გუეშორობენ[17] ჩუენ ყოველსა ჟამსა მათითა მით ბოროტად ზრახვითა, და დაფარულითა მით დევნითა, და მათითა მით მწულალიდითა უკეთურებითა, და სულითა მით მაცთურებისაჲთა, **31** და გმობითა მით გულისსიტყუისაჲთა, და მათ მიერ ჩუენ შორის დათესულთა ურწმუნოებათა გულთა შინა ჩუენთა, და განკუირვებითა და განკრთომითა, **32** და სალმობითა მრავლითა რომელთა მოაწევენ ჩუენ ზედა ყოველსა ჟამსა, და სულმოკლებითა რომლითა იგი დღითი დღედ გყოფენ ჩუენ სულმოკლე, **33** და ყოვლითავე რისხვითა მათითა და ძუირისსიტყუითა რომლითა[18] იგი გუასწავებედ ჩუენ ურთიერთარს, **34** და განმართლებითა მით თავთა თუისთაჲთა რომელსა იგი ვჰყოფთ

17 Sic cod. 18 Sic cod.

Ex epistula Besae ad Heraï, Br. Mus., Or. 8810, fol. 72 rb-73 vb (n. 35-38 iterum citantur in epistula eiusdem ad Antinoen, ibid., fol. 68 ra-va; huius citationis varias lectiones inter uncos [ ] indicamus).

ⲚⲦⲈⲒϨⲈ ⲞⲚ ⲚⲦⲀϤϪⲞⲞⲤ ⲚϬⲒⲠϨⲀⲖⲞ ⲈⲦⲚⲀⲚⲞⲨϤ ⲀⲠⲀ ⲀⲚⲦⲰⲚⲒⲞⲤ ϪⲈ 30 ⲀⲖⲎⲐⲰⲤ, ⲚⲀϢⲎⲢⲈ, ⲤⲈⲪⲐⲞⲚⲈⲒ ⲈⲢⲰⲦⲚ ⲚⲚⲀⲨ ⲚⲒⲘ ϨⲘⲠⲈⲨϢⲞϪⲚⲈ ⲈⲐⲞⲞⲨ, ⲘⲚⲠⲈⲨⲆⲒⲰⲄⲘⲞⲤ ⲈⲦϨⲎⲠ, ⲘⲚⲚⲈⲨⲔⲀⲔⲒⲀ ⲈⲦϢⲞⲞⲘⲈ, ⲘⲚⲚⲈⲨⲠⲚⲈⲨⲘⲀ ⲈⲦⲞ ⲚⲢⲈϤⲤⲰⲢⲘ, 31 ⲘⲚⲚⲈⲨⲘⲈⲈⲨⲈ ⲚϪⲒⲞⲨⲀ, ⲘⲚⲚⲈⲨⲘⲚⲦⲀⲠⲒⲤⲦⲞⲤ ⲈⲦⲞⲨⲤⲒⲦⲈ ⲘⲘⲞⲞⲨ ⲈϨⲢⲀⲒ ⲈⲠⲈⲚϨⲎⲦ ⲘⲘⲎⲚⲈ, ⲘⲚⲚⲈⲨⲦⲰⲘ ⲚϨⲎⲦ, ⲘⲚⲚⲈⲨⲞⲚϢⲤ, 32 ⲘⲚⲚⲈⲨⲘⲔⲀϨ ⲚϨⲎⲦ ⲈⲦⲞϢ ⲈⲦⲞⲨⲈⲒⲚⲈ ⲘⲘⲞⲞⲨ ⲈϨⲢⲀⲒ ⲈϪⲰⲚ ⲚⲚⲀⲨ ⲚⲒⲘ, ⲘⲚⲚⲈⲨϨⲖⲞⲠⲖⲈⲠ ⲈⲨⲦⲢⲞ ⲘⲠⲈⲚϨⲎⲦ ⲈϨⲖⲞⲠⲖⲈⲠ ⲚϨⲎⲦⲞⲨ ⲘⲘⲎⲚⲈ, 33 ⲘⲚⲚⲈⲨϬⲰⲚⲦ ⲦⲎⲢⲞⲨ, ⲘⲚⲚⲈⲨⲔⲀⲦⲀⲖⲀⲖⲒⲀ ⲈⲦⲞⲨⲦⲤⲀⲂⲞ ⲘⲘⲞⲚ ⲈⲢⲞⲞⲨ ϨⲀⲚⲈⲚⲈⲢⲎⲨ, 34 ⲘⲚⲦⲈⲨⲘⲚⲦⲢⲈϤⲦⲘⲀⲈⲒⲞⲞⲨ ⲘⲀⲨⲀⲀⲨ ϨⲘⲠⲈⲦⲞⲨⲈⲒⲢⲈ ⲘⲘⲞϤ, ⲀⲨⲰ ⲦⲈⲨⲘⲚⲦⲢⲈϤϯϨⲀⲠ

ჩუენ, და დასჯითა მით ურთიერთასითა რომელ შეგუითესიან მათ გონებათა ჩუენთა; **35** და ვიყვნითღა თუისა გან, განკითხვად გუცემედ მოყუასსა[19] თუისსა რომელნი არა არიედ ჩუენ თანა, **36** და შეურაცხებაჲ შთაგუიგდიან გულთა ჩუენთა ამპარტავანებითა, რაჲმეთუ მათ გან გულფიცხელ ვიქმნით[20], და ერთი ერთსა შეურაცხვჴყობდით[20], და სიმწარეჱ გუაქუნ ურთიერთას სიფიცხლით ამით სიტყუთა[21] ჩუენითა, და სალმობაჲ გუაქუნ ყოველსა ჟამსა, და ვაბრალებდით ერუი ერთსა და არა თავთა თუისთა, **37** ვჰგონებდით შრომასა მას ჩუენსა მოყუსისა გან ყოფად, და განმკითხველ ვიყვნით ცხადთა მათ, და ყოვლადვე ავაზაკი იგი ჩუენ შორის სახლსა შინა ჩუენსა დამკუიდრებულ არნ; **38** და კდომითა და წვალებითა ურთიერთას ვიპოვნით, ვიდრემდე სიტყუანი თუისნი დავამტკიცნეთ რაჲთა ვჩნდეთ წინაშე ჩუენსა მართალ; **39** და გულსმოდგინე გვყონიან ჩუენ საქმესა რომელსა ვერ შემძლებელ ვიყვნით ყოფად, და დაგუაბრკოლნიან ჩუენ მის გან რომელსა ზედა იგი ვიყვნით და რომელი იგი სარგებელ არნ ჩუენდა. **40** ამის თუის მაცინებედ

19 მოყუასა cod. 20 Sic cod. 21 Sic cod.

ⲈⲦⲞⲨⲚⲞⲨϪⲈ ⲘⲘⲞⲤ ⲈϨⲢⲀⲒ ⲈⲚⲈⲚϨⲎⲦ; 35 ⲀⲨⲰ ⲈⲚϨⲘⲞⲞⲤ ⲘⲀⲨⲀⲀⲚ ϢⲀⲨⲦⲢⲈⲚϮϨⲀⲠ ⲈⲚⲈⲚⲈⲢⲎⲨ ⲈⲚⲤⲈϨⲀⲦⲎⲚ ⲢⲰ ⲀⲚ, 36 ⲘⲚⲚⲈ̄ⲨⲘⲚⲦⲢⲈϤⲤⲰϢ ⸢ⲈⲦⲈϢⲀⲨⲦⲀⲀⲨ [ⲈⲦⲞⲨⲚⲞⲨϪⲈ ⲘⲘⲞⲞⲨ] ⲈϨⲢⲀⲒ ⲈⲠⲈⲚϨⲎⲦ ϨⲚⲞⲨⲘⲚⲦϪⲀⲤⲒϨⲎⲦ, ⲈⲚⲞ ⲚⲚⲀϢⲦϨⲎⲦ ⲀⲨⲰ ⲈⲚⲤⲰϢ ⲚⲚⲈⲚⲈⲢⲎⲨ, ⲈⲚⲞ ⲚϢⲞⲨϢⲞ ⲘⲚⲚⲈⲚⲈⲢⲎⲨ ϨⲘⲠⲈⲚϢⲀϪⲈ ⲈⲦⲚⲀϢⲦ, ⲈⲚⲘⲞⲔϨ ⲚϨⲎⲦ ⲚⲚⲀⲨ ⲚⲒⲘ ⲈⲚϬⲚⲀⲢⲒⲔⲈ ⲈⲚⲈⲚⲈⲢⲎⲨ ⲀⲨⲰ ⲈⲢⲞⲚ ⲘⲘⲒⲚ ⲘⲘⲞⲚ ⲀⲚ, 37 ⲈⲚⲘⲈⲈⲨⲈ ϪⲈⲈⲢⲈⲠϨⲒⲤⲈ ϢⲞⲞⲠ ⲚⲀⲚ ⲈⲂⲞⲖ ϨⲒⲦⲚⲚⲈⲦⲚⲈⲢⲎⲨ [ϨⲒⲦⲚⲚⲈⲚⲈⲢⲎⲨ], ⲈⲚⲞ ⲚⲢⲈϤϮϨⲀⲠ ⲈⲚⲈⲦⲞⲨⲞⲚϨ ⲈⲂⲞⲖ, ⲈⲢⲈⲠⲤⲞⲞⲚⲈ ⲦⲎⲢϤ ϢⲞⲞⲠ ϨⲒϨⲞⲨⲚ ⲘⲠⲎⲒ, 38 ⲘⲚϨⲈⲚϮⲦⲰⲚ ⲘⲚϨⲈⲚϨⲀⲒⲢⲈⲤⲒⲤ ⲈⲚϮ ⲘⲚⲚⲈⲚⲈⲢⲎⲨ [+ ⲚϨⲎⲦⲞⲨ], ϢⲀⲚⲦⲚⲦⲀϨⲈⲠⲈⲚϢⲀϪⲈ ⲈⲢⲀⲦϤ ϪⲈⲔⲀⲤ ⲈⲚⲈⲞⲨⲰⲚϨ ⲈⲂⲞⲖ ⲈⲚⲦⲘⲀⲒⲎⲨ ⲘⲠⲈⲘⲦⲞ ⲈⲂⲞⲖ ⲘⲠϨⲞ ⲚⲚⲈⲚⲈⲢⲎⲨ; 39 ⲈⲨϮⲞⲨⲢⲞⲦ ⲚⲀⲚ ⲈⲚⲈϨⲂⲎⲨⲈ ⲈⲦⲈⲘⲚϬⲞⲘ ⲘⲘⲞⲚ ⲈⲀⲀⲨ, ⲀⲨⲰ ⲈⲘⲠⲤⲎⲨ ⲢⲰ ⲀⲚⲠⲈ ⲈⲨⲦⲢ̄Ⲟ ⲘⲘⲞⲚ ⲈϨⲖⲞⲠⲖⲈⲠ ⲈⲠⲀⲒ ⲈⲦⲚϢⲞⲞⲠ ⲚϨⲎⲦϤ ⲀⲨⲰ ⲈⲦⲞ ⲚϨⲎⲨ ⲚⲀⲚ. 40 ⲈⲦⲂⲈⲠⲀⲒ ⲢⲰ ϢⲀⲨⲦⲢⲈⲚⲤⲰⲂⲈ ϨⲘⲠⲤⲎⲨ ⲚⲢⲒⲘⲈ, ⲀⲨⲰ ϢⲀⲨⲦⲢⲈⲚ-

ჩუენ ჟამსა ტირილისასა და მატირებედ ჩუენ ჟამსა სიცილისასა, და ყოვლად ყოვლით ორთ გარდამაქცინნა[22] ჩუენ გზისა მის გან წრფელისა, და მრავლითა სხუითა საცთურითა რომლითა დაგუიმონეს ჩუენ თავისა მათისა, რომელთა თუის აწ არა არს ჟამი გამოცხადებად ყოვლისა. **41** რაჟამს უკუე აღავსნიან გულნი ჩუენნი ამით ყოვლითა, და მათ შინა ვმოვდით და მექმნიან ჩუენ საზრდელ, მაშინ ღმერთმან შეგუინდვის ვიდრემდე დაჰყენდეს ჩუენი უკეთურებაჲ, **42** და მაშინღა მოხედვა ყვის ჩუენდა კუალად ქცევად ჩუენდა მძიმისა ამის გან ჴორცისა ჩუენისა და დატევებად იგი, **43** და მაშინ უკეთურნი იგი საქმენი ჩუენნი რომელთა ჩუენ ვიქმოდით ბოროტად გამოგუიჩნდენ ჴორცთა შინა ტანჯვად შეურაცხად, და კუალად შევიმოსოთ ესე ღმრთისა მოტევებითა, და მაშინ მექმნეს ჩუენ უკუანაჲსკნელი იგი უძუირეს პირველისა. **44** ამის გამო ნუ დაცადებთ ვედრებასა სახიერებისა[23] მიმართ მამისაჲსა, რაჲთა თქუენ თანა გამოვიდეს შეწევნაჲ მისი და გასწაოს თქუენ რომელი იგი უმჯობეს თქუენდა იყოს. **45** ჭეშმარიტად გეტყუი თქუენ, შვილნო, რაჲმეთუ ჭურჭერი ესე ჩუენი, რომელსა შინა ვმწირობთ ჩუენ, არს ესე ჩუენდა წარმწყმედელ და სახლ სავსე ბრძოლითა. **46** ჭეშმარიტებით, შვილნო, გეტყუი თქუენ ვითარმედ ყოველსავე კაცსა რომელსა[24] დატკბობილ იყოს ნებასა შინა თუისსა, და დამკობილ იყოს თუისითა გულისსიტყუითა, და

22 Sic cod.; leg. -მაქცინიან. 23 სახიებისა sic cod. 24 Sic cod.

ⲣⲓⲙⲉ ϩⲙⲡⲥⲏⲩ ⲛⲥⲱⲃⲉ· ϩⲁⲡⲁⲝ ϩⲁⲡⲗⲱⲥ ⲉⲩⲡⲱⲱⲛⲉ ⲙⲙⲟⲛ ⲛⲥⲏⲩ ⲛⲓⲙ ⲉⲃⲟⲗ ϩⲙⲡⲙⲟⲉⲓⲧ ⲉⲧⲥⲟⲩⲧⲱⲛ ⲙⲛϩⲉⲛⲕⲉⲙⲏⲏϣⲉ ⲛⲁⲡⲁⲧⲏ ⲉⲩⲉⲓⲣⲉ ⲙⲙⲟⲛ ⲛϩⲙϩⲁⲗ ⲛⲁⲩ ⲛϩⲏⲧⲟⲩ, ⲉⲙⲡⲉⲩⲥⲏⲩ ⲁⲛⲡⲉ ⲧⲉⲛⲟⲩ ⲉⲟⲩⲟⲛϩⲟⲩ ⲉⲃⲟⲗ ⲧⲏⲣⲟⲩ. 41 ϩⲟⲧⲁⲛ ⲇⲉ ⲉⲩϣⲁⲛⲙⲉϩⲡⲉⲛϩⲏⲧ ⲉⲃⲟⲗ ϩⲛⲛⲁⲓ ⲁⲩⲱ ⲛⲧⲛⲙⲟⲟⲛⲉ ⲛϩⲏⲧⲟⲩ ⲁⲩⲱ ⲛⲥⲉⲣϩⲣⲉ ⲛⲁⲛ, ⲧⲟⲧⲉ ϣⲁⲣⲉⲡⲛⲟⲩⲧⲉ ϭⲱⲛⲧ ⲉⲣⲟⲛ. 44 ⲉⲧⲃⲉⲡⲁⲓϭⲉ ⲙⲡⲣⲉⲣⲕⲁⲕⲉⲓ ⲉⲧⲉⲧⲛⲧⲱⲃϩ ⲛⲧⲙⲛⲧⲁⲅⲁⲑⲟⲥ ⲙⲡⲉⲓⲱⲧ ⲁⲣⲏⲩ ⲛⲧⲉⲟⲩⲃⲟⲏⲑⲉⲓⲁ ⲛⲧⲟⲟⲧϥ ⲉⲓ ⲉⲃⲟⲗ ⲛⲙⲙⲏⲧⲛ ⲉⲧⲣⲉⲧⲉⲧⲛⲧⲥⲁⲃⲉⲧⲏⲩⲧⲛ ⲉⲥⲟⲩⲛⲡⲉⲧⲉϣϣⲉ ϩⲛⲟⲩⲙⲉ.

თავსიდებდეს დათესულთა მათ გულსა შინა თჳსსა[25], და თანა-უხაროდეს მათ, და მოელოდის გულითა ვითარმედ დიდ რაჲმე არიან იგინი რჩეულ საჲდუმლო, და მას თანა კუალად განიმარ-თლებდეს თავსა თჳსსა[25] რომელსა იგი იქმს, **47** ესევითარისა მის სული არს აერ უკეთურთა მათ სულთა და თანამზრახვალ მისა ბოროტისა მიმართ, და გუამითა[26] სამარხავ ბოროტთა საიდუმლოთა რომელ თავსა შინა მისა დაუმალავს; **48** და შეუძლიან ესევითარსა მას ეშმაკთა ფრიად, რაჲმეთუ არა განაქიქა იგი[27] წინაშე ყოველთა. **49** ანუ თქუენ არა უწყით რაჲმეთუ არა ერთსსახეჵ[28] სანადიროჲ აქუს, რაჲთა ესე ვცნათ და ვივლტოდით მის გან? **50** უკუეთუ ემიებდე, არა ჰპოო ცოდვაჲ მათი და ურჩულოებაჲ განცხადებულად[29] ჴორციელად, რაჲმეთუ არა არიან ჴორციელად სახედველ, **51** არამედ რაჲთა სცნათ რაჲმეთუ ჩუენ ვართ მათა ჴორცებ, და სული ჩუენი შეიწყნარებს მათსა მას უკეთურებასა, რაჲმეთუ რაჟამს შეიწყ-ნარნეს იგინი, მაშინ განცხადებულად მოიყვანის[30] იგინი ჴორცითა მით რომელსა შინა ესე მყოფ ვართ[31]. **52** ხოლო აწ, შვილნო, ნუმცა ვსცემთ მათ ადგილსა; უკუეთუ არა, რისხვაჲ ღმრთისაჲ აღვადგინოთ თავთა ჩუენთა ზედა, **53** და იგინი წარვიდენ სახიდ თჳსა და მეკიცხევდენ ჩუენ, რაჲმეთუ ესე იციან რაჲმეთუ წარწყმედაჲ ჩუენი მოყუსისა გან არს დაჲკუალად ცხორებაჲ ჩუენი მოყუსისა გან. **54** ვინ სადა ღმერთი იხილა, და იხარებდეს მის თანა, და დაიყენოს იგი თავისა თჳსა თანა, რაჲთა არა ევლტოდის მას, არამედ შეეწეოდეს მას ყოფასა მას მისსა ესოდენსა შინა სიმძიმესა? **55** ანუ ვინ სადა ეშმაკი იხილა ბრძოლასა მას მისსა ჩუენდა მომართ, და მაყენებნ[32] რაჲ ჩუენ კეთილისყოფად და მაკდებინ ჩუენ, და დგანლა იგი ადგილსა ჴორციელსა, რაჲთა მისა გუეშინოდის და ვივლტოდით მის გან; რაჲმეთუ იგინი არიან ფარულად, და ჩუენ გამოვაცხადებთ მათ

25 თჳსა cod. 26 Sic cod.; leg. გუამიცა? Cf. L *corpus quoque* (col. 984 A). 27 Sic cod.; leg. იგინი? Cf. L *eos* (col. 984 A). 28 Sic cod. 29 Leg. -ბული. 30 Sic cod. 31 ართ sic cod. 32 Ante ბ, litt. una atramento offuscata (ნ ?).

საქმეთა გან. **56** რაჲმეთუ ერთისა გან არიან იგი ყოველნი ცნობილებისა მის გან არსებისა[33]; და სივლტოლისა მის გან მათისა ღმრთისა გან მრავალი თითოფერებაჲ იქმნა ამათ შორის თითოსახისა მის თჳს საქმისა მათისა; **57** ამის თჳსცა ყოველი ესე სახელები დაედვა მათ თითოეულისა მის თჳს საქმისა მათისა; **58** ამის თჳს ვიეთმე მათ განთა ეწოდა მთავარანგელოზ, და რომელთამე საყდრებ და უფლება, მთავრობა და ძალმწიფება და ქერობინ; **59** ესე სახელები ეწოდა მათ ამის გამო რაჲმეთუ შემოქმედისა მათისა ნებაჲ დაიმარხეს. **60** კუალად[34] უკეთურისა მის გან სხუათა სლვისაჲსა საკმარ იყო სახელისდებად მათა უკეთურისა მის თჳს სლვისა მათისა მასმენელ და სატანა, და სხუანი[35] კუალად ეშმაკებ, და სულებ უკეთურებ და[36] არა წმიდებ, და სულებ მაცთურ, და მთავარ ამის სოფლის[37]; და სხუანი მრავალნი[38] თითოფერნი არიან მათ შორის. **61** და კუალად შემთხუევანი არიან[39] ამას სიმძიმესა ჴორცთასა, რომელსა ესე შინა დამკჳდრებულ ვართ; იწოდნეს ვიეთნიმე მათ განი[40] მამათმთავარ და რომელნიმე წინაჲსწარმეტყუელ და მეუფე და მღდელ და მსაჯულ და მოციქულ, და სხუანი მრავალნი რჩეულ იქმნეს[41] მათითა მით კეთილად სლვითა; **62** ესე ყოველი სახელები ეწოდა მათ გინათუ მამაკაცსა გინა დედაკაცსა ⌜მათითა მით[42] თითოსახისა საქმეთა მათთა ებრ მთავრობისა, რაჲმეთუ ერთისა გან არიან ყოველნი. **63** ამის თჳს უკუე რომელი ცოდვიდეს მოყუჳსისა მიმართ, თავისა მიმართ თჳსისა ცოდავს, და რომელი ბოროტსა უყოფს მოყუასსა, თავსა თჳსა[43] ბოროტსა უყოფს; ეგრევე რომელი კეთილსა უყოფს[44] მოყუასა[45], თავსა თჳსა[46] კეთილსა უყოფს. **64** უკუეთუ არა, ვინმე შემძლებელ არს ღმრთისა მიმართ ბოროტისყოფად, ანუ ვინმე არს რომელმანმცა ავნო მას, ანჳ

33 Suppl. ებრ ? Cfr L *secundum sensualem exstantiam eorum* (col. 984 C). 34 კულად cod. 35 Sic cod. 36 Hic litt. una atramento offuscata. 37 Sic cod. 38 მრავლნი cod. 39 არიან sup. lin., minusc. litt. 40 Sic cod. 41 Sic cod. 42 Leg. მათისა მის. 43 Sic cod. 44 უყფს cod. 45 Sic cod. 46 Sic cod.

ვინმე არს რომელმანმცა გაუსუენა მას, ანუ ვინმე სადა მსახურა მას, **65** ანუ ვინ სადა აკურთხა იგი რომელმცა[47] უგმდა მას კურთხევაჲ მისი, ანუ ვინ შემძლებელ არს პატივისცემად მისა ვითარ იგი არს პატიოსან, ანუ ვინ შემძლებელ არს აღმაღლებად მისა ვითარ იგი არს მაღალ? **66** ამის თუის უკუე, ვიდრე ესე ვართღა შემოსილ მძიმითა ამით ჴორცითა, განვაღუიძოთ თავთა შინა ჩუენთა ღმერთსა მოწოდებადითა ურთიერთასითა, **67** და მივსცნეთ თავნი ჩუენნი სიკუდიდ სულთა ჩუენთა თუის და ერთმან ერთისა თუის, და ამას რაჲ უყოფდეთ გამოვაჩინოთ თავისა თუისისაჲ იგი მოწყალებისა იგი არსებაჲ. **68** ნუმცა ვართ თავისმოყუარე, რაჲთა არა დაუდგრომელისა მის ძალისა მათისა ნაწილ ვიქმნეთ[48]. **69** რაჲმეთუ რომელმან თავი თუისი გულისკმაყო, მან ყოველნი იცნის; ამის თუისცა[49] იგი წერილ არს : « რომელმან უწოდა არაარსისა გან არსად ყოველთა »[50]; **70** და ამას[1] რაჲ იტყუიან, აუწყებენ გონიერისა მის მათისა[2] ბუნებისა თუის, რომელი დაფარულ არს ხრწნილებისა ამათ ჴორცთა შინა, რომელი არა იყო მისი დასაბამით გან, რომელი წოდებად ყოფად არს მის გან; **71** ხოლო რომელმან შეუძლო თავისა თუისისა შეყუარებად ყოველსა ჰყუარობს. **72** საყუარელნო შვილნო ჩემნო, გლოცავ თქუენ ნუ შრომა გიჩნ, ნუცა გეწყინებინ სიყუარული ურთიერთარსი. **73** აღიხუენით[3] ჴორცნი იგი თქუენნი რომლითა შემოსილ ხართ, და ესენი ყვენით[4] საკურთხეველ, და დასხენით მას ზედა ყოველნი გულისსიტყუანი თქუენნი და ყოველივე ზრახვაჲ ბოროტი დაუტევეთ წინაშე უფლისა, **74** და აღიპყრენით ჴელნი გულისა თქუენისანი მისა მიმართ[5], ესე იგი არს გონებაჲ მოქმედი, და ევედრებოდეთ ღმერთსა რაჲთა მოგმადლოს თქუენ თუისი იგი უხილავი ცეცხლი დიდი, **75** რაჲთა ზეცით გარდამოჴდეს თქუენ შორის და შეჭამოს საკურთხეველი იგი და ყოველივე მას ზედა, **76** და ყოველნივე იგი ქორომნი ბალისნი, რომელნი იგი არიან მკდო-

47 რლმცა cod.; leg. რამცა (= რაჲთამცა); cfr L *ut* (col. 985 A). 48 Sic cod. 49 ს sup. lin. 50 *Sap.*, I, 14. 1 ამს cod. 2 მათისა sup. lin. 3 Sic cod.; leg. აღიქუენით; cfr L *tollite*. 4 ყვენთ cod. 5 *Ps.* CXXXIII, 2.

მისა წინააღმდგომნი საქმენი, შეეშინეს და ივლტოდიან პირისა გან თქუენისა ვითარცა პირისა გან ელიაჲს წინაჲსწარმეტყუელისა[6]. **77** და მაშინ იხილოთ ვითარცა კუალი მამაკაცისაჲ ზღუასა ზედა რომელსა მოაქონდეს თქუენდა სულიერი იგი წუიმაჲ, რომელ იგი არს ნუგეშინისმცემელისა სულისაჲ ნუგეშინისცემაჲ. **78** საყუარელნო შვილნო ჩემნო უფლისა მიერ, ძენო ისრაიტელნო, არა რაჲ საკმარ არს ნატრაჲ[7] გინა სახელისდებად[7] ჴორციელთა სახელთა თქუენთა, რომელნი წარმავალ არიან, **79** რაჲმეთუ არა უმეცარ ხართ სიყუარულსა მას რომელი მაქუს თქუენდა მიმართ, რაჲმეთუ არა არს ჴორციელი სიყუარული, არამედ სულიერი ღმრთისმსახურებისა[8] სიყუარული. **80** ამით კუალად გულდებულ ვარ რაჲმეთუ ნეტარი დიდი არს თქუენ თჳს რაჲმეთუ ჴელი შეჰყავთ ცნობად თავისა თჳსისა სირცხჳლსა და დამტკიცად არსებასა უხილავსა რომელი ვერ წარმავალ არს ჴორცთა თანა. **81** ამის გან ვჰგონებ ვითარმედ ნეტარებაჲ თქუენი ამას ჟამსა იქმნა. **82** სიტყუაჲ უკუე ესე ცხად იყავნ თქუენდა, რაჲთა არა გეგონოს თქუენ წარმატებაჲ და შესლვაჲ მსახურებასა ღმრთისასა ვითარმცა თქუენი[9] იყო საქმჱ, არამედ არს რაჲმე საღმრთოჲ ძალი რომელი შეგეწევის თქუენ მარადის; **83** პატივისმოყუარე იყვენით თავთა თჳსთა შეწირვად მსხუერპლისა[10] ღმრთისა მიმართ მარადის, და გულსმოდგინება[11] სცემდით შემწესა მას თქუენსა ძალსა, და განსუენებასა ღმრთისასა მას მოსლვასა და ყოველსა მას კრებულსა წმიდათასა, და მეცა უბადრუკსა ამას რომელი მყოფ ვარ თიჴისა ამათ ჴორცთა და ბნელისათა; **84** რაჲმეთუ ამის თჳს ამას გეტყჳ თქუენ და განსუენებასგცემ თქუენ, და გლოცავ, რაჲმეთუ დავებადენით ჩუენ ყოველნი ერთად არსებად უხილავად და დასაბამად დაუსრულებელად[12]; რაჲმეთუ რომელთა იცნეს თავნი თჳსნი, ამათ ცნეს რაჲმეთუ არსებანი ერთობისანი არიან უკუდავნი. **85** უწყებად თქუენდა მნებავს

6 Cfr 1 *Reg.*, XVIII, 38-40. 7 Sic cod. 8 -სა- post მ sup. lin., minusc. litt. 9 Hic vox 4 litt. erasa. 10 Sic cod. 11 Sic cod. 12 Deest *ut... unice diligamus alterutrum* (L, col. 986 A).

ესე რაჲმეთუ იესუჳ ქრისტე უფალი ჩუენი იგი თავადი არს ჭეშმარიტი გუნებაჲ მამისაჲ, რომლისა გან ყოველი სავსებაჲ ყოვლისა მეტყუელისა მის ბუნებისაჲ იქმნა ხატად თუისისა მის ხატისა, რაჲმეთუ იგი თავადი არს თავ ყოვლისა დაბადებულისა და გუამისა მის ეკლესიაჲსა; **86** ამის თუის უკუე ჩუენ ყოველნი ასოებ ვართ ურთიერთარს და გუამ ქრისტეჱსა[13], და ვერ ჴელეწიფების თავსა სიტყუად ფერჴთა ვითარმედ არა მიჴმთ მე, და უკუეთუ ევნების ერთსა ასოსა ყოველივე გუამი მის თანა აღიძრეს და ელმის[14]; **87** ამის თუის უცხო ქმნულსა მას ასოსა გუამისა გან, რომელსა არა რაჲ აქუს ზიარება თავისა თანა, არამედ დატბობიედ[15] თუისნი იგი ვნებანი კორცთანი, ამის გამო წყლულებაჲ იგი თუისი უკურნებელად აქუს, და დაჰვიწყებიეს დასაბამი და აღსასრული. **88** და ამის თუის მამაჲ იგი დაბადებულთაჲ მოწყალე იქმნა ჩუენსა ამას წყლულებასა რომელი შეუძლებელ იყო განკურნებად ვერვის გან დაბადებულთა განისა გარნა სახიერებითა მამისაჲთა; **89** და გამოგუევლინა ჩუენ თუისი იგი მხოლოდშობილი, რომელმან იგი ჩუენისა მის მონებისა თუის ხატი მონებისაჲ მოიღო[16]; **90** და მისცა თავი თუისი ცოდვათა ჩუენთა თუის, რაჲმეთუ ურჩულებათა ჩუენთა დაამდაბლეს იგი, არამედ წყლულებითა მისითა ჩუენ ყოველნი განვიკურნენით[17]; **91** და შემკრებნა ჩუენ ყოველთა გან სოფელთა ვიდრემდე აღდგომაჲ გულთა ჩუენთაჲ ქუეყანის გან ყოს და მასწაოს ჩუენ რაჲმეთუ არსებანი ერთნი ვართ ჩუენ ყოველნი და ურთიერთას ასოებ. **92** ამის თუის უკუე თანაგუაც ურთიერთას სიყუარული ფრიად, რაჲმეთუ რომელსა უყუარდეს[18] მოყუასი თუისი მას ღმერთი უყუარს; ხოლო რომელსა უყუარდეს ღმერთი მას სული თუისი უყუარს. **93** სიტყუაჲ ესე ცხად იყავნ თქუენდა, საყუარელნო შვილნო ჩემნო უფლისა მიერ, ძენო ისრაჱლიტელნო[19] წმიდანო, და განმზადენით თავნი თუისნი სლვად ღმრთისა მიმართ და

13 1 *Cor.*, XII, 27. 14 1 *Cor.*, XXI, 26. 15 Leg. დატვბობიედ? 16 Cfr *Philipp.*, II, 7. 17 *Is.*, LIII, 5. 18 Hic vox circiter 8 litt. erasa (უყუარდეს iterum?). 19 ეჱსრტლნო sic cod.

შეწირვად თავთა თქუენთა მსხუერპლად ღმრთისა ყოვლითა სიწმიდითა რომელი ვერ ვის ჴელეწიფების დამკჳდრებად თჳნიერ სიწმიდისა. **94** ანუ თქუენ არა უწყითა, საყუარელნო, რაჲმეთუ მკდომნი იგი სათნოებისანი[20] ძჳრსა უძრახვენ[21] მარადის ჭეშმარიტებასა? **95** ამის თჳსცა, საყუარელნო, ეკრძალენით და ნუ სცემთ ძილსა თუალთა თქუენთა და ნუცა რულსა წამთა თქუენთა[22]; **96** ღაღადებდით თჳსისა მიმართ შემოქმედისა დღეჱ და ღამე რაჲთა გამოვიდეს თქუენდა შეწევნაჲ მაღლისა მიერ და მოზღუჯდნეს გულნი თქუენნი და გულის-სიტყუანი ქრისტეს მიერ. **97** ჭეშმარიტად, შვილნო, სახლსა შინა ავაზაკისასა მყოფ ვართ და საკრველითა[23] სიკუდილისაჲთა ვართ ჩუენ შეკრულ. **98** ჭეშმარიტად გეტყჳ თქუენ რაჲმეთუ ჩუენი ესე უდებებაჲ და დამდაბლებაჲ და გარეშე ყოფაჲ ესე ჩუენი სათნოებისა გან არა ხოლო თუ ჩუენდა ზღუჯევა[24] არს, არამედ ანგელოზთაცა შრომა არს და ყოველთა წმიდათა ქრისტესთა, რაჲმეთუ არღა სადა აქამომდე განუსუენებიეს ჩუენ თჳს. **99** ჭეშმარიტად, შვილნო, რაჲმეთუ დამდაბლებაჲ ესე ჩუენი მწუხარება არს მათ ყოველთა, და[25] კუალად ცხორებაჲ ჩუენი და სიქადული სიხარულსცემნ მათ ყოველთა; **100** და ცანთ რაჲმეთუ სახიერებაჲ მამისაჲ არა დაცხრების, ვინაჲთგან აღიძრა, ქველისყოფად ჩუენდა მარადის ვიდრე დღინდღელად

20 -ნი sup. lin., minusc. litt. 21 Sic cod. 22 Cfr *Ps.* CXXXI, 4.
23 სკრველითა cod. 24 -უჯ- in loco alt. litt. scriptum. 25 და bis cod.

Ex epistula Besae ad Heraï, Br. Mus., Or. 8810, fol. 71 rb-vb.

ϩⲙⲡⲁⲓ ⲅⲁⲣ ⲛⲧⲁϥϫⲟⲟⲥ ⲛϭⲓⲡⲉⲛⲉⲓⲱⲧ ⲉⲧⲟⲩⲁⲁⲃ ⲁⲡⲁ ⲁⲛⲧⲱⲛⲓⲟⲥ, ⲡⲉⲛⲧⲁϥⲥⲟⲩⲛⲙⲡⲟⲛⲏⲣⲓⲁ ⲙⲡϫⲁϫⲉ ⲉⲧⲙⲟⲥⲧⲉ ⲛⲛⲉⲧⲙⲉ ⲙⲡⲛⲟⲩⲧⲉ, ⲛⲁⲓ ⲉⲛⲧⲁⲩϯⲡⲉⲩⲟⲩⲟⲓ ⲉⲣⲟϥ ϩⲙⲡⲉⲩϩⲏⲧ ⲧⲏⲣϥ ϫⲉ 98 ⲁⲗⲏⲑⲱⲥ, ⲛⲁⲙⲉⲣⲁⲧⲉ, ⲧⲉⲛⲙⲛⲧⲁⲙⲉⲗⲏⲥ ⲙⲛⲡⲉⲛⲑⲃⲃⲓⲟ ⲙⲛⲧⲉⲛϭⲓⲛⲣⲓⲕⲉ ⲉⲃⲟⲗ ⲛⲛⲉⲩϣⲟⲟⲡ ⲛⲁⲛ ⲁⲛ ⲛⲟⲩⲟⲥⲉ ⲙⲁⲩⲁⲁⲛ, ⲁⲗⲗⲁ ⲛⲕⲉⲁⲅⲅⲉⲗⲟⲥ ⲛⲉⲩϣⲟⲟⲡ ⲛⲁⲩ ⲛⲟⲩϩⲓⲥⲉ ⲙⲛⲛⲉⲧⲟⲩⲁⲁⲃ ⲧⲏⲣⲟⲩ ϩⲙⲡⲉⲭⲣⲓⲥⲧⲟⲥ ⲓⲏⲥⲟⲩⲥ. 99 ⲁⲗⲏⲑⲱⲥ ⲟⲛ, ⲛⲁϣⲏⲣⲉ, ⲡⲉⲛⲑⲃⲃⲓⲟ ϣⲁϥϯⲙⲕⲁϩ ⲛⲁⲩ ⲧⲏⲣⲟⲩ· ⲡⲁⲗⲓⲛ ⲟⲛ ⲡⲉⲛⲟⲩϫⲁⲓ ⲙⲛⲡⲉⲛϣⲟⲩϣⲟⲩ ϣⲁϥϯⲟⲩⲛⲟϥ ⲁⲩⲱ ⲛϥϯⲙⲧⲟⲛ ⲛⲁⲩ ⲧⲏⲣⲟⲩ.

დღედმდე, რაჲთა არა თანამდებ გყვნეს[26] ჩუენ თავისა ჩუენისა სიკუდილისა. **101** და რამეთუ თჳთკელმწიფედ დავიბადენით, ამის თჳს გუეძიებედ ჩუენ ეშმაკნი მარადის; ამის თჳს წერილ არს : « დაბანაკებულ არს ანგელოზი უფლისაჲ გარემო მოშიშთა მისთა და იჴსნეს იგინი »[27]. **102** აწ, შვილნო, უწყებაჲ თქუენი მნებავს, ვინაჲთგან აღძრვაჲ ესე იყო ვიდრე აქამომდე, ყოველნივე რაოდენნი გარეშე იქმნეს[28] სათნოებისა გან და აღესრულნეს უკეთურებანი მათნი შვილად ეშმაკისად შერაცხილ არიან[29]; **103** და აწვე მათ განთა ცნეს, და ამის თჳსცა ჴელი შეყვეს საქმედ თითოეულისა ჩუენისა ნებისა ებრ მათისა. **104** რამეთუ ესე იციან ვითარმედ ზეცით გარდამოვარდა ეშმაკი ამპარტავანებითა; ამის თჳსცა რომელნი იგი მიიწინნეს დიდსა ზომსა გარდარეულსა, ესე მოჯკდიან მათ პირველად, რამეთუ ჴელუვან არიან ამპარტავანებითა და მაუცნებელობითა ურთიერთარს. **105** უწყიან რამეთუ განმაშორნეს ჩუენ ღმრთისა გან ამით ჯერითა; რამეთუ იციან ვითარმედ რომელსა უყუარდეს მოყუასი მას ღმერთი უყუარს, ამის თჳს[30] მტერთა მათ სათნოებისათა შემოთესიან თჳსი იგი წყაროჲ განწვალებისაჲ გულთა ჩუენთა რაჲთა მოვიპოვოთ ჩუენ მტერობაჲ დიდი ურთიერთარს, შორითვე არა ზრახვად მოყუასსა ყოვლადვე. **106** ჭეშმარიტად, შვილნო, უწყებაჲ თქუენი მნებავს რამეთუ სხუანიცა ვინმე არიან მრავალნი რომელნი შრომასა შედგომილ არიან ცხორებასა შინა მათსა, და უმეცრებამან მათმან მოაკუდინა იგინი. **107** ჭეშმარიტად, შვილნო, ვჰგონებ ვითარმედ არა არს დიდ საკჳრველ[31] ესე, უკუეთუ ოდეს ვყვნეთ თავნი თჳსნი და არა განვიკითხნეთ საქმენი თჳსნი, შევრდომად თქუენდა დიდსა მას ზომსა ეშმაკისასა, ჰგონებდეთ თუ მახლობელ ყოფად

26 Sup. lin. უჯ inter გ et ყ. 27 *Ps.* XXXIII, 8. 28 Sic cod. 29 არიარიან cod. 30 თჳს iterum, erasum. 31 სკჳრველ cod.

---

101 ⲈⲦⲂⲈⲠⲀⲒ ⲢⲰ ⲤⲈⲔⲰⲦⲈ ⲚⲤⲰⲚ ⲚⲤⲎⲨ ⲚⲒⲘ, ⲔⲀⲦⲀⲐⲈ ⲈⲦⲤⲎϨ ϪⲈϢⲀⲢⲈⲠⲀⲄⲄⲈⲖⲞⲤ ⲘⲠϪⲞⲈⲒⲤ ⲔⲰⲦⲈ ⲈⲚⲈⲦⲢϨⲞⲦⲈ ϨⲎⲦϤ ⲚϤⲚⲀϨⲘⲞⲨ[1].

თქუენდა ღმრთისა, და მოლოდებასა თქუენსა ნათლისასა ბნელი შეგემთხუიოს თქუენ. **108** ამის[32] თუის ყოვლადვე ჴამს იესუჲსი რაჲთა მოირტყნეთ თავნი თუისნი არდაგითა და დაჰბანდეთ ფერჴთა უმწემესთასა[33]; **109** არამედ სახჱჲ ესე ამის თუის ყუ რაჲთა აუწყოს მოქცეულთაჲ მათ თუისავე მათსა დასაბამსა პირველსა; რაჲმეთუ დასაბამი იგი აღძრვისაჲ მის ამპარტავანებაჲ არს, რომელი იქმნა პირველად. **110** ამის თუისცა უკუეთუ არა[34] მრავლითა სიმდაბლითა ყოვლითა გულითა თქუენითა და ყოვლითა გონებითა თქუენითა და ყოვლითა სულითა თქუენითა და ყოვლითა გუამითა თქუენითა, ვერ ჴელგეწიფების დამკუიდრებად სასუფეველი ღმრთისაჲ. **111** ჭეშმარიტად, შვილნო ჩემნო უფლისა მიერ, ვევედრები შემოქმედსა ჩემსა დღეჲ და ღამე, რომლისა გან მაქუს სული მისი ვედრად, რაჲთა აგიხილნეს თუალნი გულისა თქუენისანი რაჲთა უწყოდით სიყუარული ესე ჩემი რომელი მაქუს თქუენდა მიმართ, **112** და განგეხუნენ ყურნი გულისა თქუენისანი რაჲთა იხილოთ თქუენ სირცხუილი თუისი; **113** რაჲმეთუ რომელმან გულისხმაყვის თთისი იგი უპატიოებაჲ, ეგევითარი ეგე კუალად ემიებნ თუისა[35] მას რჩეულსა დიდებასა; და რომელმან გულისხმაყვის თუისი სიკუდილი, მან კუალად გულისხმაყვის თუისი იგი საუკუნოჲ ცხორებაჲ. **114** ვითარცა ბრძენთა გზრახავ უქუენ[36], შვილნო ჩემნო; ჭეშმარიტად მეშინის ნუკუე სიყმილი გეწიოს თქუენ გზასა ზედა და ადგილსა რომელსა ჯერ იყოს ჩუენდა განმდიდრებად. **115** მინდა ხილვაჲ უქუენი პირისპირ ჴორცითა, არამედ მოველი ჟამსა ახლოდ რომელსა შინა შეუძლოთ თუით თუისი პირით ურთიერთარს ხილვად, რაჟამს იგი წარჴდეს სალმობაჲ და მწუხარებაჲ და სულთქუმანი, რაჟამს იგი სიხარული იყოს თავსა ზედა ყოველთასა[37]. **116** არიან სხუაცა მრავალ რომელი მინდა თხრობად, არამედ უკუეთუ სცე ბრძენსა მიზეზ სიბრძნის,

32 ამი cod. 33 Sic cod.; leg. უმრწემესთასა. 34 Lacuna in sensu; cfr L *Et ne si rursus post multa confoderis* (col. 987 C), A *Nisi ergo ingens in homine exstiterit humilitas* (col. 1015 B). 35 Sic cod. 36 Cfr 1 *Cor.*, x, 15. 37 Cfr *Is.*, xxxv, 10.

უბრძნჱს იყოს[38]. **117** გიკითხავ ყოველთა სასურველთა შვილთა ჩემთა სახელად სახელად.

ეპისტოლჱ ანტონისივე მეხუთჱ Ⴄ.

1 უწყითმცა, შვილნო, მადლი იგი უფლისა ჩუენისა იესუ ქრისტჱსი, რაჲმეთუ ჩუენ თუის დაგლახაკნა მდიდარი იგი რაჲთა ჩუენ მისითა მით სიგლახაკითა განმდიდრდეთ[1]. **2** აჰა ესერა მონებითა მისითა განგუააზნაურნა ჩუენ, და უძლურე-ბამან მისმან განგუაძლიერნა ჩუენ, და სისულელემან მისმან განგუაბძნა[2] ჩუენ. **3** მერმე კუალად სიკუდილითა მისითა აღდგომაჲ ჩუენი ყოს და ამის გამო შეუძლოთ ჩუენ აღებად ჴმითა მაღლითა და თქუამად[3]: « ვიცოდით ღათუ ქრისტე ჴორციელად, ამიერით გან არღარა ეგრეთ ვიცით, არამედ დაბადებული არს ახალი ქრისტეს მიერ »[4]. **4** ჭეშმარიტად, საყუარელნო უფლისა მიერ, გეტყუი თქუენ რაჲმეთუ მწული-ლადისა მის ებრ სიტყუისა აზნაურებისა რომლითა ყოველნი განთავისუფლდეთ, მქონან სხუაცა მრავალ სიტყუად თქუენდა მიმართ, არამედ არა არს ჟამი მათი აწ თხრობად თქუენდა. **5** აწ გიკითხავ თქუენ ყოველთა, საყუარელნო შვილნო ჩემნო უფლისა მიერ, ძენო ისრაჱლიტელნო წმიდანო მსგავსად გუნიე-რისა მის თქუენისა არსებისა. **6** ჭეშმარიტად შეგაშუის თქუენ, რომელნი ეგე მოუკედით შემოქმედსა თუისა[5], ძიებად ცხორე-ბისა სულთა თქუენთაჲსა აღთქუმისა მის გან რჩულისა, **7** არამედ სიმრავლითა სიბოროტისაჲთა და უკეთურებითა მიმოტაცებისაჲთა და გულისთქუმითა მით ვნებათაჲთა განკმა აღთქუმული იგი და საცნობელნი იგი სულისა ჩუენისანი მოსწყდეს; **8** ამის თუის ვერ შეუძლეს მოგონებაჲ გონიერისაჲ მის დიდებულისა არსებისა სიკუდილითა მით რომელსა

38 Cfr *Prov.*, IX, 9.

1 2 *Cor.*, VIII, 9. 2 Sic cod.; leg. განგუაბრძნნა. 3 Sic cod. 4 2 *Cor.*, V, 16-17. 5 Sic cod.

შევცჳნით. **9** ამის თუის წერილ არს საღმრთოთა წიგნთა რაჲმეთუ: « ვითარცა იგი ადამის მიერ ყოველნი მოკუდებიან, ეგრეცა ქრისტეს მიერ ყოველნი განცოცხლდებიან »[6] **10** აწ უკუე იგი არს ცხორებაჲ ყოვლისა მეტყუელისაჲ გონებისაჲ დაბადებულთა შინა მის მიერ ხატად თუისისა ხატისა, რაჲმეთუ იგი თავადი არს გონებაჲ ჭეშმარიტი მამისაჲ, და რაჲმეთუ ხატი მამისაჲ უქცეველ არს; **11** ხოლო დაბადებულთა შინა ხატად მისა ქმნულთა არსებაჲ არს ქცეული, შემთხუევითა მით ჩუენდა ბოროტისაჲთა რომელსა შინა ყოველნი მოვსწყუედით[7] და გარეშე გონებასა[8] ვართ გონიერისა მას არსებისასა. **12** ამის თუისცა უკუე ყოვლითა გარეშე ბუნებისა[9] მოვიგეთ სახლი ბნელი სავსეჱ ბრძოლითა. **13** და ამას გიწამებ თქუენ რაჲმეთუ ყოვლისავე სათნოებისა მეცნიერებაჲ მოაკლდა ჩუენ გან; **14** ამის თუის იხილა მამამან ჩუენმან ღმერთმან ჩუენი იგი უძლოჳრებაჲ, რაჲმეთუ არა ეგევითარ ვიქმნენით რაჲთამცა შევიმოსეთ ჭეშმარიტებაჲ სამართლად, **15** ამის თუის თუისითა სახიერებითა მოვიდა მიხედვისა ყოფად თუისთა დაბადებულთა მსახურებითა წმიდათაჲთა. **16** გლოცავ თქუენ ყოველთა უფლისა მიერ, საყუარელნო, რაჲთა გულისხმაჰყოთ რომელსა ესე მივსწერ თქუენდა, რაჲმეთუ არა სიყუარული ჴორციელი მაქუს თქუენდა მიმართ, არამედ სიყუარული სულიერი ღმრთისმსახურებისაჲ. **17** განმზადენით თავნი თუისნი სლვად შექმედისა[11] მიმართ თქუენისა, და დაიპენით გულნი თქუენნი და ნუ სამოსელი თქუენი[12]; **18** და ცანთ იგი ვითარმედ რაჲმე მალ გუიც მიცემად უფალსა ყოვლისა თუის მადლისა რომელი მომცა ჩუენ ვიდრე აქა დამკუიდრებადმდე ჩუენდა და დამდაბლებად; **19** ჴსენებასა ჩუენსა ჰყოფს დიდითა მით სახიერებითა თუისითა და თუისითა მით მიუწდომელითა[13] სიყუარულითა, და არა მომაგუ ჩუენ ცოდვათა ჩუენთა თოჳს[14], **20** არამედ ვიდრე მზისაცა მსახურ ყოფად ჩუენდა ბნელისასა ამას

6 1 *Cor.*, XV, 22. 7 Sic cod. 8 Sic cod.; leg. ბუნებასა. 9 Sic cod.
11 Sic cod.; leg. შემოქმედისა. 12 *Ioel*, II, 13. 13 Leg. მიუწთომელითა.
14 Sic cod.

სახლსა, და მთოვარჱ და ვარსკულავნი ყოველნი მსახურ ყოვნა ჩუენდა ამაოებითა წარწყმედელი[15] ჴორცთა თუის შემტკიცებისა; **21** და სხუანიცა ძალნი, რომელ არიან დაფარულნი, რომელნი მსახურ ჩუენდა ყოვნა რომელთა არა ვხედავთ თუალითა ჴორცთაჲთა. **22** აწ უკუე რაჲმე მივაგოთ მას დღესა მას სარჩელისასა, ანუ რომელი[16] კეთილი დაკლებულ არს მის გან ჩუენდა მომართ რომელიმცა არა ყო ჩუენ თუის? **23** ანუ მამათმთავართა არა ივნეს ჩუენ თუის, ანუ მღდელთა არა მასწავეს ჩუენ, ანუჳ მსაჯულნი და მეფენი არა ჰბრძოდეს[17] ჩუენ თუის, ანუჳ წინაჲსწარმეტყუელნი არა მოსწყდეს ჩუენ თუის, **24** ანუჳ მოციქულნი არა იდევნეს ჩუენ თუჳს[18], ანუ ძეჱ მისი საყუარელი არა მოკუჳდაა ჩუენ ყოველთა თუის? **25** თანაგუაც აწ ჩუენ თავთა თუისთა განმზადებად სლვად თუისისა მიმართ შემოქმედისა სიწმიდით. **26** რაჲმეთუ იხილნა მოქმედმან წმიდანი გინა დაბადებულნი რაჲმეთუ ვერ შემძლებელ არიან განკურნებად დიდსა მას წყლულებასა რომელი იქმნა თუისთა მათ ასოთა მათთა; **27** ამის თუის ვითარცა მამამან დაბადებულთამან იცოდა უძლურებაჲ ყოველთა გონებათა მათთაჲ, და წყალობა ყო მათ თუის მრავლისა მის ებრ სიყუარუჳლისა მისისა, **28** და არა ჰრიდა მხოლოდშობილსა ძესა თუისსა ჩუენ ყოველთა ცხორებისა თუის, და მისცა იგი ცოდვათა ჩუენთა თუის[19], **29** და ურჩუჳლოებათა ჩუენთა დაამდაბლეს იგი; ხოლო წყლულებითა მისითა[20] ჩუენ ყოველნი განვიკურნენით[21], **30** და შემკრიბნა ჩუენ ყოველთა გან სოფელთა სიტყუითა ძლიერებისა მისისაჲთა, ვიდრემდე აღდგომაჲ გონებათა ჩუენთაჲ ყოს ქუეყანით, და მასწაოს ჩუენ რაჲმეთუ ურთიერთას ასოებ ვართ. **31** ამის თუის შეჰგავს ჩუენ ყოველთაჲ, რომელნი მოსრულ ვართ თუისისა შემოქმედისა, წრთოად[22] გონებათა ჩუენთა და საცნობელთა **32** რაჲთა უწყო-

15 Sic cod.; cfr L *deservire vanitati periturae* (col. 989 A). 16 რი cod. (= რომელი), leg. რაჲ ? 17 ჰბძოდეს sic cod. 18 Sic cod. 19 *Rom.*, VIII, 32. 20 მისითა iterum, erasum. 21 *Is.*, LIII, 5. 22 Sic cod.; leg. წურთად ; cfr VI, 44.

დით თითოპირებაჲ იგი კეთილისა და ბოროტისა განკითხვაჲ, რაჲთა სცნათ ყოველივე იგი იესოჳსი მოღუაწებაჲ რომელი იგი ყო თუისითა მით მოსლვითა, რაჲმეთუ მსგავს ჩუენდა იქმნა ყოვლითა თუინიერ ხოლო ცოდვისა[23]. **33** არამედ მრავლისა თოჳის უკეთოჳრებისა ჩუენისა და მიმოტაცებისა ბოროტისა და სიმძიმისა თოჳის თავთა თუისთა შეუთქმელებისა, **34** ამის თუის იესოჳსი მოსლვაჲ იყო რომელთა თუისმე საცთურ[24], და სხჳთ კერძო სარგებელ, ეგრევე სხუით კერძო[25] სიბრძნე და ძალ, და რომელთამე იქმნა აღდგომა და ცხორება. **35** და ესე ცხად იყავნ თქუენდა რაჲმეთუ მოსლვაჲ მისი იქმნა საჯელ ყოვლისა სოფლისა, **36** რაჲმეთუ იტყუის : « ესერა დღენი მოვლენან, იტყუის უფალი, და ყოველთა მიცოდიან მე მცირით გან ვიდრე დიდად მათამდე, და აღრა[26] ასწავებდეს კაცადკაცადი მოყუასსა თუისსა და კაცადკაცადი ძმასა თოჳსა[27] და რქუას : იცან უფალი, და სასმენელ ვყო სახელი ჩემი ვიდრე კიდედმდე ქუეყანისა »[28], **37** რაჲთა ყოველი პირი დაიყოს და სარჩელსა ქუეშე იყოს ყოველი სოფელი ღმრთისა[29]; რაჲმეთუ იცოდეს ღმერთი და არა ვითარცა დამბადებელი მათი ღმერთი ადიდეს[30], უგულისკმოებითა მათითა, რომლისა გან ვერ შეუძლეს დატევნად სიბრძნეჱ[31] იგი მისი, **38** არამედ კაცადკაცადმან ჩუენმან მიფრდო თავი თუისი ნებასა თოჳისსა ბოროტისა მიმართ და ამათ[32] დავიმონენით. **39** ამის თუისცა იესოჳ დაიმცირა თავი თუისი დიდებისა გან, და ხატი მონებისაჲ შთაიცუა[33], რაჲთა მონებამან[34] მისმან ჩუენ თავისუფალ გყოვნეს. **40** და სოჳლელ ვიქმნენით, და სისულელითა[35] ჩუენითა ყოველი ბოროტი ვქმენით, და კუალად მოიღო ხატი სისულელისაჲ, რაჲთა სისულელითა მისითა ბრძენ[36] გყვნეს ჩუენ. **41** და გლახაკ ვიქმნენით, და სიგლახაკითა ჩუენითა ყოველი სათნოებაჲ

23 *Hebr.*, IV, 15. 24 Cfr 1 *Cor.*, I, 23. 25 კეძო cod. 26 Sic cod.; leg. არღა. 27 Sic cod. 28 *Ierem.*, XXXVIII, 34 (Vulg. XXXI, 34). 29 *Rom.*, III, 19. 30 *Rom.*, I, 21. 31 სიბძნეჱ cod. 32 Sic cod.; cfr L *in mala, et ipsis servus dictus est* (col. 989 D). 33 *Philipp.*, II, 7. 34 -მან sup. lin. 35 სისსულელითა cod. 36 ბრძნ cod.

მოგუაკლდა ჩუენ, და ამის თჳს კუალად მოიღო ხატი სიგლახაკისაჲ, რაჲთა თჳსითა სიგლახაკითა ჩუენ განგუამდიდრნეს ყოვლითა მეცნიერებითა და გულისხმისყოფითა. **42** არა ხოლო ესე, არამედ უძლურებისაცა ჩუენისაჲ ხატი მოიღო, რაჲთა თჳსითა უძლურებითა განგუაძლიერნეს ჩუენ. **43** და მორჩილ იქმნა მამისა ყოვლითა ვიდრე სიკუდიდმდე[37], და სიკუდილითაღა ჯუარისაჲთა[38], **44** რაჲთა სიკუდილითა მისითა ჩუენ ყოველთა აღდგომაჲ ყოს, და განაქაროს რომელსა იგი კელმწიფებაჲ აქუნდა სიკუდილისაჲ, ესე იგი არს ეშმაკი. **45** და უკეთუ[39] ჭეშმარიტად განვითავისუფლნეთ თავნი თჳსნი მისითა მით მოსლვითა, ვიპოვნეთ მოწაფე იესუსა, და საღმრთოჲ იგი სამკჳდრებელი მის მიერ მოვიღოთ. **46** ჭეშმარიტად, საყუარელნო უფლისა მიერ, შეძრწუნებულ ვარ ფრიად და აღძრულ ვარ სულითა ჩემითა, რაჲმეთუ შეგუიმოსიეს ხატი და სახელები გუაც წმიდათაჲ, და ვიქადით წინაშე ურწმუნოთა; **47** და მეშინის ნუუკუე სიტყუაჲ იგი პავლესი აღესრულოს ჩუენ ზედა, რომელი თქუა ვითარმედ: « ემოსოს ხატი ღმრთისმსახურებისაჲ, ხოლო ძალსა მისსა უვარსყოფდენ »[40]. **48** და სიყუარულისა[41] მის თჳს[42] რომელი მაქუს თქუენდა მიმართ ვილოცავ ღმრთისა მიმართ თქუენ თჳს რაჲთა მოიპოვოთ თავისა თქუენისა ცხორებაჲ და დაიმკჳდრნეთ უხილავნი იგი. **49** ჭეშმარიტად, შვილნო, უკუეთუ მივსცნეთ თავნი თჳსნი ყოვლითა ძალითა და ვეძიებდეთ უფალსა, არა არს ჩუენდა მადლ; რაჲმეთუ ჩუენსა სარგებელსა ვეძიებთ რომელ არს ბუნებით არსებისა ჩუენისაჲ. **50** რაჲმეთუ ყოველი კაცი რომელი ეძიებდეს ღმერთსა გინა მსახურებდეს მას, ბუნებით თჳსისა არსებისა არს მომძებნელ; **51** ხოლო ყოვლისა თჳს[43] ცოდვისა რომლისა ვართ ბრალეულ, უცხო და თჳნიერ ბუნებისა არს ჩუენისა მის არსებისაჲ. **52** ჭეშმარიტად, შვილნო საყუარელნო უფლისა მიერ, რომელთა იგი

37 სიკუდილმდე cod. 38 *Philipp.*, II, 8. 39 Sic cod. 40 *Rom.*, II, 20; *Tit.*, I 16? 41 სიყარულისა cod. 42 Sic cod. 43 Sic cod.

განმზადნეს თავნი თჳსნი შეწირვად მსხუერპლად ღმრთისა სიწმიდითა, არა რაჲ თქუენ უმჯობესი დაგიმალეთ, არამედ რომელი იგი ვიხილეთ გიწამებთ თქუენ[44], რაჲმეთუ მკდომნი იგი სათნოებისანი მარადის ძჳრსა უძრახვენ[45] ჭეშმარიტებასა. **53** და ამასმცა ხართ მეცნიერ რაჲმეთუ ჴორციელი იგი ოდესვე სდევნის სულიერსა მას[46], და ყოველსა რომელსა უნდეს ღმრთისმსახურებით ცხორებაჲ ქრისტჱს მიერ იგი იდევნოს[47]. **54** ამის თჳსცა იესუ იცნოდა ყოველნივე ჭირნი და განსაცდელნი მომავალნი სოფელსა ამას მოციქულთა ზედა, **55** და იცოდა ესე რაჲმეთუ მათითა მით მოთმინებითა დაარღჳნნენ ყოველნი ძალნი მტერისანი, ესე იგი არს კერპთმსახურებაჲ, **56** ნუგეშინისსცემდა მათ და ეტყოდა რაჲმეთუ: « ჭირი გაქუს თქუენ სოფელსა ამას, არამედ ნუ გეშინინ, რაჲმეთუ მე მიძლევის[48] სოფელსა »[49], **57** და ასწავებდა მათ და ეტყოდა: « ნუ გეშინინ სოფლისა რაჲმეთუ ყოველნი ბოროტებანი სოფლისანი არა არიან ღირს მოლოდებულისა მის დიდებისა[50]. უკუეთუ თქუენსა უწინარესნი წინაჲსწარმეტყუელნი დევნეს, თქუენცა გდევნენ; უკუეთუ მე მომიძულეს, თქუენცა მოგიძულნენ[1], არამედ ნუ გეშინინ[2], რაჲმეთუ მოთმინებითა თქუენითა დაჴსნდეს ყოველი ძალი მტერისაჲ ». **58** ხოლო მწულილადისა მის თუს[3] მათისა სიტყჳსა, მრავალ არს მითხრობად თქუენდა, არამედ, ვითარცა წერილ არს, « ეც ბრძენსა მიზეზ სიბრძნისა და უბრძნეს იყოს »[4]. **59** აწ უკუე სულითა წმიდითა შემოსილნი იგი წმიდანი და მართალნი მარადის ილოცვენ ჩუენ თჳს რაჲთა დავეგნეთ ღმერთსა და რაჲთა ჩუენი იგი პატივი კუალად მოვიღოთ და შევიმოსოთ რომელი იგი განვიძუარცეთ სამოსელი მსგავსად თჳსისავე მის არსებისა გონიერისა. **60** და მრავალ გზის ჴმაჲცა მოწევნულ არს ღმრთისა მიერ მამისა სულითა შემოსილთა მიმართ ყოველთა, და ეტყჳს მათ: « ნუგეშინისსცემდით, ნუგეშინისსცემდით ერსა ჩემსა, იტყჳს

44 Cfr *Ioh.*, III, 11. 45 Sic cod. 46 *Gal.*, IV, 29. 47 2 *Tim.*, III, 12. 48 Sic cod.; leg. მიძლევიეს. 49 *Ioh.*, XVI, 33. 50 *Rom.*, VIII, 18. 1 *Ioh.*, XV, 20. 2 გეშინ cod. 3 Sic cod. 4 *Prov.*, IX, 9.

ღმერთი; მღდელნი[5] ეტყოდეთ გულსა იჱრუსალემისასა »[6]. **61** რაჲმეთუ ღმერთი მოხედვას ჰყოფს მარადის თუისთა ზედა დაბადებულთა და გამოაჩინებს სახიერებასა თუისსა მათ ზედა. **62** ჭეშმარიტსა გეტყუი, საყუარელნო, სიმწულილისა მის თუის სიტყუისა აზნაურებისაჲსა რომლითა განვთავისუფლდეთ, არიან სხუაცა მრავალ[7] სიტყუა თხრობად უქუენდა, არამედ იტყუის: « ეც ბრძენსა[8] მიზეზ სიბრძნისა[9], და უბრძნეს იყოს »[10]. **63** ხოლო ღმერთმან მშუიდობისამან მოგეცინ თქუენ მადლი და სული მეცნიერებისაჲ, რაჲთა სცანთ თქუენ რომელსა ესე მივსწერ თქუენდა, რაჲმეთუ მცნებანი უფლისანი არიან, **64** და დაგეცვენინ თქუენ ღმერთმან ყოვლისა მადლისამან წმიდად უფლისა მიერ ვიდრე აღსასრულადმდე სულისა აღმოსლვისა. **65** და ვილოცავ ღმრთისა მიმართ მარადის თქუენ ყოველთა თუის ცხორებისა, საყუარელნო უფლისა მიერ; **66** მადლი უფლისა იესუჳ ქრისტჱსი თქუენ ყოველთა თანა[11]. ამენ.

ებისტოლეჱ ანტონისი მეექუჳსჱ[1]

1 კაცმამ პირმეტყუელმან რომელმან განმზადა თავი თუჳისი განთავისუფლებად მოსლვითა იესუჳსითა, იცნის მან თავი თუჳისა მსგავსად გონიერისა მის არსებისა; **2** რაჲმეთუ რომელმან თავი თუისი იცნა, იცნის მან შემოქმედისა მის მოღუაწებანი და რაჲოდენსა იქმს თუისთა შორის დაბადებულთა. **3** საყუარელნო უფლისა მიერ და ასონო ჩუენნო და თანამკუიდრნო[2] წმიდათანო, გლოცავ თქუენ სახელითა იესუჳ ქრისტჱსითა რაჲთა ღმერთმან მიგცეს თქუენ სული მეცნიერებისაჲ, **4** რაჲთა განიკითხოთ და სცნათ სიყუარული რავდენი მაქუს თქუენდა მიმართ, რაჲმეთუ არა არს სიყუარული ჴორციელი, არამედ

5 Sic cod. 6 *Is.*, XL, 1-2. 7 მრავალ sup. lin., minusc. litt. 8 ბრენსა cod. 9 სიბრძს cod. 10 *Prov.* IX, 9. 11 2 *Cor.*, XIII, 13.

1 მექუჳსჱ cod. 2 -მკუიდნო cod.

სულიერი სიყუარული ღმრთისმსახურებისაჲ. **5** რაჲმეთუ სახელებისა თჳს თქუენისა ჴორციელებისა არა რაჲ გამს მიწერად თქუენდა, რაჲმეთუ წარმავალ არიან; უკუეთუ კაცმან ცნა ჭეშმარიტი იგი სახელი, იხილოს მან ჭეშმარიტებისაჲცა იგი სახელი. **6** ამის თჳსცა იაკობ ჰბრძოდა რაჲ იგი ანგელოზსა მას ღამე ყოველ მას ღამესა, დაღაადგრა და ერქუაღა მას იაკობ; და ვითარცა განთენა, ეწოდა მას სახელი ისრაჱლ[3]; თარგმანებაჲ სახელისაჲ ამის არს ესე: გონებაჲ მხედველი ღმრთისაჲ. **7** ვჰგონებ ვითარმედ არა უმეცარ იყვნეთ თქუენ რაჲმეთუ მოსაჯულნი იგი სათნოებისანი მარადის ძჳრსა უძრახვენ[4] ჭეშმარიტებასა; **8** ამის თჳს არა ხოლო ერთსა ჟამსა მოხედვა ყო ღმერთმან თჳსთა ზედა დაბადებულთა, **9** არამედ დასაბამით გან. ⌜რომელთა იგი[5] განმზადნეს თავნი თჳსნი მოსლვად შემოქმედისა თჳსისა აღთქუმისა მის გან რჩულისა მათისაჲთა[6], რომელნი იგი ისწავლებიან[7] მის გან თაყუანისცემად თჳსისა შემოქმედისა ვითარ იგი ჯერ-არს თაყუანისცემაჲ. **10** რაჲმეთუ სიმრავლითა უძლურებისაჲთა და სიმძიმითა მით ჴორცთაჲთა და ზრუნვითა ბოროტითა განჴმა აღთქუმისა იგი რჩული, და საცნობელნი იგი სულისანი მოუძლურდეს. **11** ამის გამო ვერ უძლეს პოვნად თავთა თჳსთა მსგავსად დაბადებისა მათისა; **12** და რაჲმეთუ არსებაჲ არს უკუდავი, რომელი არა დაჴსნდების[8] ჴორცთა თანა, ვერ შეუძლო განთავისუფლებად თჳსითა მით სამართალითა; ამის თჳს შეუნდო მას ღმერთმან თჳსითა სახიერებითა და წერილითა მით რჩულისაჲთა[9], სწავლად მათა თაყუანისცემაჲ მამასა ვითარ იგი ჯერ-არს. **13** რაჲმეთუ ღმერთი ერთ არს, და გონიერი იგი არსებაჲ არს ერთობითა. **14** ცხად იყავნ თქუენდა სიტყუაჲ ესე, საყუარელნო, რაჲმეთუ ყოველთავე თანა რომელთა არა არს შეთქუმულებაჲ ბრძოლასა შეიკრებენ თავისა თჳსისა თჳს. **15** და იხილა ესე შემოქმედმან რაჲმეთუ

3 *Gen.*, XXXII, 24-28. 4 Sic cod. 5 Leg. რომელთამე ; cfr L *nonnulli* (col. 996 D). 6 Sic cod.; leg. მისისა. 7 Alt. ა sup. lin. 8 -ბის iterum, erasum. 9 Leg. რჩულითა ?

წყლოლებაჲ იგი მათი განდიდნა და ოკმს კორნებაჲ მკორნალისაჲ მის; **16** რაჲმეთო იესოჳ თავადი არს დამბადებელი მათი, და მანვე კოალად განკორნნეს იგინი, და მოავლინა[10] წინამორბედნი წინაშე პირსა მისსა. **17** და არა შევიშინოთ სიტყოად მოსეჱს თოჳის რჩოლისმომცემელისა, ვითარმედ იგი არს ერთი წინაჲსწარმეტყოელთა მისთა განი, **18** და რაჲმეთო სოლი რომელი იყო მოსეჱს თანა იგივე შეეწეოდა კრებოლსა მას წმიდათასა; და ყოველთავე ითხოვეს მხოლოდშობილისა თოჳის მისა ღმრთისაჲსა. **19** და კოალად იოვანე ერთი არს წინაჲსწარმეტყოელთა მისთა განი; ამის თოისცა რჩოლი და წინაჲსწარმეტყოელნი ვიდრე ჲოვანესამდე[11], და სასოფეველი ღმრთისაჲ იძოლების, და რომელნი იძოლებდენ მათ მოტაცონ იგი[12]. **20** და იხილეს სოლითა შემოსილთა მათ რაჲმეთო ვერ ვინ შემძლებელ არს დაბადებოლთა შორის განკორნებად დიდისა მის წყლოლებისა გარნა სახიერებასა მამისასა, რომელი იგი არს მხოლოდშობილი მისი, რომელ იგი მოავლინა მაცხოვრად ყოვლისა სოფლისა. **21** რაჲმეთო იგი არს დიდი მკორნალი, შემძლებელი განკორნებად დიდისა მის წყლოლებისა, ევედრნეს ღმერთსა და სახიერებასა მისსა, **22** და მამამან დაბადებოლთამან არა ჰრიდა მხოლოდშობილსა თოისსა ჩოენ ყოველთა ცხორებისა თოის, არამედ მისცა იგი ჩოენ ყოველთა თოის[13]. **23** და ორჩოლოებათა ჩოენთა დაამდაბლეს იგი, და წყლოლებითა მისითა ჩოენ ყოველნი განვიკორნენით[14]. **24** და სიტყოითა ძლიერებისა მისისაჲთა[15] შეგოკრიბნა ჩოენ ყოველთა გან სოფელთა კიდით გან ქოეყანისაჲთ ვიდრე კიდედმდე სოფლისა, **25** და ყო აღდგომაჲ გოლთა ჩოენთაჲ ქოეყანით, და გოასწავა ჩოენ ვითარმედ ორთიერთარს ასოებ ვართ. **26** გლოცავ თქოენ, საყოარელნო ოფლისა მიერ, რაჲთა სცნათ დაწერილი ესე რაჲმეთო მცნებანი ოფლისანი არიან, რაჲმეთო დიდ არს ესე ჩოენდა გოლისკმისყოფად ხატი იგი რომელ მოიღო იესოჳ ჩოენ თოის, რაჲმეთო ყოვლითავე მსგავს ჩოენდა იქმნა თონიერ

10 Sic. cod. 11 *Luc.*, XVI, 16. 12 *Matth.*, XI, 12. 13 *Rom.*, VIII, 32.
14 *Is.*, LIII, 5. 15 მისაჲთა sic cod.

ცოდვისა[16]. **27** აწ უკუე შეჰგავს ჩუენდაცა რაჲთა განვათავისუფლნეთ[17] თავნი ჩუენნი მოსლვითა მისითა, **28** რაჲთა სისულელითა მისითა განგუაბრძნნეს ჩუენ, და სიგლახაკითა მისითა განგუამდიდრნეს ჩუენ, და უძლურებითა მისითა განმაძლიერნეს ჩუენ, და ყოველთა გუექმნეს აღდგომა, და განაქარვოს[18] იგი რომელსა ჴელმწიფებაჲ აქონდა სიკუდილისაჲ. **29** მაშინღა დავსცხრეთ[19] ჴმვად იესუჲს ჴორციელებისა თჳს; რაჲმეთუ მოსლვაჲ იგი იესუჲსი შემეწევის ჩუენ კეთილსა მას მონებასა, ვიდრემდე განვაქარვნეთ ყოველნი უკეთურებანი ჩუენნი. **30** მაშინ მარქუას ჩუენ იესუ: « არღარა გრქუა თქუენ მონა, არამედ ძმა »[20]. **31** რაჟამს უკუე მიიწინნეს მოღებად სულისა მის შვილებისა მოციქულნი, მაშინ ასწავა მათ სულმან წმიდამან თაყუანისცემად მამასა ვითარ იგი ჯერ არს. **32** და მე უბადრუკსა ამას კრულსა იესუჲსისა, მექმნა მე ჟამი ესე რომელსა მოვიწიე სიხარულ და გლოვა და ტირილ. **33** რაჲმეთუ მრავალთა ნათესავისა ჩუენისა განთა შეიმოსეს სამოსელი ღმრთისმსახურებისაჲ, და ძალი მისი უვარსუყოფიეს. **34** ხოლო რომელთა იგი განმზადნეს თავნი თჳსნი განთავისუფლებით[21] მოსლვითა იესუჲსითა, მათ ზედა მიხარის. **35** ხოლო რომელნი იგი ფრდიან სახელსა იესუჲსისა და ჰყოფენ ნებასა გულისასა და ჴორცთასა, ეგევითართა თჳს ვიგლოვ. **36** რომელთა იგი მიხედეს სიგრძუსა[22] მას[23] ჟამისასა, და სულმოკლე იქმნეს[24], და განიძარცუჲეს სამოსელი ღმრთისმსახუჲრებისაჲ, და იქმნეს[25] იგინი მჴეც, მათ თჳს ვტირ. **37** უწყოდეთ უკუე, ეგევითართა მათ კაცთა რაჲმეთუ მოსლვაჲ იგი იესუჲსი იქმნა მათ დიდ სასჯელ. **38** ხოლო თქუენ, საყუარელნო უფლისა მიერ, გულისხმაყვენით თავნი თჳსნი რაჲთა ჟამიცა ესე სცნათ, და განმზადენით თავნი თჳსნი შეწირვად მსხუერპლად სათნოდ ღმრთისა. **39** ჭეშმარიტად, საყუარელნო უფლისა მიერ, რაჲმეთუ ვითარცა გუნი-

16 *Hebr.*, IV, 15. 17 -თავისფლნეთ sic cod. 18 ვ sup. lin. 19 დავსხრეთ cod. 20 *Ioh.*, XV, 15. 21 Leg. -ად. 22 Sic cod. 23 მას sup. lin., minusc. litt. 24 Sic cod. 25 Sic cod.

ერთა[26] მივსწერ თქუენდა[27], რამეთუ შემძლებელ ხართ გულისჴმისყოფად თავთა თუისთა. **40** იცით ესე რამეთუ რომელმან გულისჴმაყო თავი თუისი მან იცის ღმერთი და მოღუაწებანი მისნი რომელთა ჰყოფს თუისთა ზედა დაბადებულთა. **41** ცხად იყავნ თქუენდა სიტყუაჲ ესე რამეთუ არა კორციელი სიყუარული მაქუს მე თქუენდა მიმართ, არამედ სიყუარული სულიერი ღმრთისმსახურებისაჲ, **42** რამეთუ ღმერთი იდიდების ზრახვასა წმიდათასა[28]. **43** განმზადენით თავნი თუისნი ვიდრემდე მეუხნი გუისხენლა რომელნი სთხოვენ ღმერთსა რაჲთა ცეცხლი ეგე, რომლისა თუის მიფენად მოვიდა იესუჳ ქუეყანასა ზედა[29], მოსცეს გულთა თქუენთა, **44** რაჲთა შეუძლოთ დაწურთად გულთა თქუენთა და საცნობელთა თქუენთა რაჲთა იცოდით თქუენ გამორჩევად კეთილი ბოროტისა[30] გან, მარჯუენეჲ[31] და მარცხენეჲ, სიმტკიცეჲ და უძლურებაჲ. **45** იცოდა ესე იესუჳ რამეთუ ძალი ეშმაკისაჲ არს ნივთი ესე[32] ამის სოფლისაჲ, მოუწოდა თუისთა მოწაფეთა და რქუა მათ: **46** « ნუჳ[33] იუნჯებთ თქუენ ქუეყანასა ზედა, და ნუცა ზრუნავთ ხვალისა თუის, რამეთუ ხვალემან თუით იზრუნოს თავისა თუისისა თუის »[34]. **47** ჭეშმარიტად, საყუარელნო, ჟამსა მას ქარისა[35] დაყუდებისასა ნავისმხერველი იქადინ; ხოლო ქარისა ძლიერისა და წინააღმდგომისა ჟამსა ყოველივე მეცნიერი ნავისმხერვალი გამოჩნდის. **48** აწ გულისხმაყავთ ჟამი ესე რომელსა მოვიწიენით რაჲ ესე არს. **49** ხოლო მწულილადისა[36] მის თუის სიტყუისა აზნაურებისა არიან მრავალ თხრობად თქუენდა, **50** არამედ სცე თუ მიზეზ ბრძენსა, უბრძნეს იყუს[37]. **51** გიკითხავ თქუენ შვილთა

26 გნიერთა sic cod. 27 Cfr 1 *Cor.*, X, 15. 28 *Ps.* LXXXVIII, 8. 20 Cfr *Luc.*, XII, 49. 30 ბორტისა cod. 31 Sic. 32 ესე add. postea minusc. litt. 33 ნუ Šanidze. 34 *Matth.*, VI, 19 et 34. 35 ქრისა cod. 36 მწლილადისა cod. 37 *Prov.*, IX, 9.

Cod. copt. Neapol. I. B. 1, nº 345 (Zoega CLXXI).

48 ϯϩⲧⲏⲧⲛ ⲟⲩⲛ ⲉⲡⲉⲓⲕⲁⲓⲣⲟⲥ ⲛⲧⲁⲛⲉⲓ ⲉϩⲣⲁⲓ ⲉⲣⲟϥ ϫⲉⲟⲩⲁϣ ⲙⲙⲓⲛⲉⲡⲉ. 49 ⲉⲧⲃⲉⲡϣⲙⲁ ⲇⲉ ⲙⲡϣⲁϫⲉ ⲛⲧⲉⲓⲙⲛⲧⲣⲙϩⲉ ⲟⲩⲛⲟⲩⲙⲏⲏϣⲉ ⲙⲙⲁⲩ ⲉϫⲟⲟⲩ ⲛⲏⲧⲛ, 50 ⲁⲗⲗⲁ ⲉⲓϣⲁⲛϯⲧⲁⲫⲟⲣⲙⲏ

საყოარელთა მცირით გან ვიდრე დიდამდე[38] თქოენდა ოფლისა მიერ[39]. ამენ.

ებისტოლეჱ ანტონისი მეშოიდეჱ[1]

ⲈⲂⲒⲤⲦⲞⲖⲎ ⲀⲚⲦⲞⲚⲒⲤ Ⲍ[2].

1 ანტონი[3] საყოარელთა[4] ძმათა გიკითხავ ოფლისა მიერ, გიხაროდენ; არა მოვიწყინო ⌜მოჴსენებაჲ თქოენი[5] ასოთა მაგათ კათოლიკე ეკლესიისათაჲ[6]. **2** და ოწყებაჲ თქოენი მნებავს სიყოაროლისაჲ რომელი მაქოს თქოენდა მიმართ, რაჲმეთო არა არს ჴორციელი, არამედ სოლიერი ღმრთისმსახორებისაჲ. **3** რაჲმეთო ჴორცთა ჩოენთა სიყოაროლი დაომტკიცებელ[7] არს და დაოდგომ[8] და შერყეოლ[9] ოცხოთა გან ქართა. **4** და ყოველნი მოშიშნი ღმრთისანი და რომელნი იმარხვენ მცნებათა მისთა

38 Sic cod. — Cfr *Act.*, VIII, 10. 39 მერ cod.

Epist. VII in cod. Sin. georg. 25 (= B) quoque legitur, fol. 70v-73r.

1 მეშდეჱ cod. 35; მშდჲ B. 2 Tit. graecis litt. om. B. 3 B add. ყ(ოვე)ლთა. 4 საყუარელთა B, et ita semper. 5 მოჴსენებად თქ(უე)ნდა B. 6 ეკლესიათა B (*hanc variationem deinceps non notabimus*). 7 Sic cod. 35 et B; leg. -ბოლ? 8 დაუდგუმ B. 9 შეურყეველ B.

ⲚⲞⲨⲤⲞⲪⲞⲤ, ϤⲚⲀⲢ̄ϨⲞⲨⲈⲤⲞⲪⲞⲤ. 51 ϮϢⲒⲚⲈ ⲈⲢⲰⲦⲚ ⲦⲎⲢⲦⲚ ϪⲒⲚⲠⲈⲦⲚⲔⲞⲨⲒ ϢⲀⲠⲈⲦⲚⲚⲞϬ.

Cod. copt. Neap. I. B. 1, nº 345 (Zoega CLXXI).

ⲞⲘⲀⲒⲞⲤ ⲀⲚⲦⲰⲚⲒⲞⲨ ⲈⲠⲒⲤⲦⲞⲖⲎ Ⲇ.

1 ⲀⲚⲦⲰⲚⲒⲞⲤ ⲠⲈⲦⲤϨⲀⲒ ⲚⲚⲈϤⲘⲈⲢⲀⲦⲈ ⲦⲎⲢⲞⲨ ⲚⲤⲚⲎⲨ ϨⲘⲠϪⲞⲈⲒⲤ ⲬⲀⲒⲢⲈⲦⲈ· ⲘⲘⲈⲖⲞⲤ ⲚⲦⲈⲔⲔⲖⲎⲤⲒⲀ, ⲚϮⲈⲄⲔⲀⲔⲈⲒ ⲀⲚ ⲈⲒⲈⲒⲢⲈ ⲘⲠⲈⲦⲚⲘⲈⲈⲨⲈ. 2 ϮⲞⲨⲰϢ ⲈⲦⲢⲈⲦⲚⲈⲒⲘⲈ ⲈⲦⲀⲄⲀⲠⲎ ⲈⲦⲞⲨⲦⲰⲒ ⲚⲘⲘⲎⲦⲚ, ϪⲈⲚⲞⲨⲀⲄⲀⲠⲎ ⲀⲚⲦⲈ ⲚⲤⲰⲘⲀⲦⲒⲔⲎ, ⲀⲖⲖⲀ ⲞⲨⲀⲄⲀⲠⲎⲦⲈ ⲘⲘⲚⲦⲢⲈϤϢⲘϢⲈⲚⲞⲨⲦⲈ. 3 ⲦⲘⲚⲦϢⲂⲎⲢ ⲄⲀⲢ ⲚⲤⲰⲘⲀ ⲘⲘⲚⲦⲤⲦⲀϪⲢⲞ ⲞⲨⲆⲈ ⲚⲤⲤⲘⲞⲚⲦ ⲀⲚ, ⲈⲤⲔⲒⲘ ⲈⲂⲞⲖ ϨⲒⲦⲚϨⲈⲚⲦⲎⲨ ⲚϢⲘⲘⲞ. 4 ⲞⲨⲞⲚ ⲚⲒⲘ ⲈⲦⲢϨⲞⲦⲈ ϨⲎⲦϤ ⲘⲠⲚⲞⲨⲦⲈ ⲀⲨⲰ ⲈⲦϨⲀⲢⲈϨ

მონანი არიან ღმრთისანი; **5** ხოლო მონებაჲ იგი არა არს მას შინა სრულება, არამედ სამართალი არს რომელი უძღუის შვილებად მიმართ. **6** ამის თჳსცა წინაჲსწარმეტყუელნი[10] და მოციქულნი და ყოველნი კრებულნი წმიდათანი, რომელნი ღმრთისა მიერ გამორჩეულ იყვნეს და რწმუნებულ იყო მათა[11] სამოციქულოჲ იგი ქადაგებაჲ, მამისა და ღმრთისა სახიერებითა კრულ იყვნეს იგინი ⸢იესოჳ ქრისტჱს გან[12]. **7** რაჲმეთუ პავლე მოციქული იტყჳს[13]: «პავლე[14] იესოჳ ქრისტჱსი რჩეული მოციქული»[15], **8** რაჲთა დაწერილი იგი რჩული შემწე თქუენდა იყოს კეთილითა მით მუნებითა, ვიდრემდე[16] შეუძლოთ უფლებად ყოველთა ვნებათა ზედა ჴორცთასა, და სრულებაჲ იგი მოვიღოთ[17] კეთილითა მით მსახურებითა სათნოებისაჲთა სამოციქულოჲთა მით ცხორებითა[18]. **9** უკუეთუ ვინმე მახლობელ იქმნეს მოღებად მადლისა მაშინ რქუას[19] მას[20] იესოჳ: «არღარა გიწოდე[21] თქუენ მონად, არამედ გიწოდე[21] თქუენ მეგობრად და ძმად[22], რაჲმეთუ რომელი მაუწყა მე

10 წინაწარ- B. 11 მათთა B. 12 ქ(რისტ)ე ი(ესო)ჳს თუის B. 13 ჲტყჳს B, *et ita sacpe*. 14 B add. კრული. 15 *Ephes.*, III, 1; *Rom.*, I, 1. 16 ვს (= ვიდრემდის) B. 17 მოჲღოთ B. 18 მსახურებითა B 19 ჳრქუას B. 20 მათ sic B. 21 ვიწოდი B. 22 ძმად cod. 35.

ЄΝЄϤЄΝΤΟΛΗ ΟΥϨΜϨΑΛ ΝΤЄΠΝΟΥΤЄΠЄ · 5 ΤЄΙΜΝΤϨΜϨΑΛ ΓΑΡ ΝΟΥΜΝΤΤЄΛΙΟϹ ΑΝ ΤЄΤΝϨΗΤϹ, ΑΛΛΑ ΟΥΔΙΚΑΙΟΝΤЄ ЄϹΟ ΝϪΑΥΜΟЄΙΤ ЄϨΟΥΝ ЄΥΜΝΤϢΗΡЄ. 6 ЄΤΒЄΠΑΙ ΝΙΚЄΠΡΟΦΗΤΗϹ ΜΝΝΑΠΟϹΤΟΛΟϹ, ΠЄΧΟΡΟϹ ЄΤΟΥΑΑΒ, ΝΑΙ ΝΤΑΠΝΟΥΤЄ ϹΟΤΠΟΥ ЄΤΑΝϨΟΥΤΟΥ ЄΥΚΗΡΥΓΜΑ ΝΑΠΟϹΤΟΛΙΚΗ[1], ϨΝΤΜΝΤΑΓΑΘΟϹ ΜΠΝΟΥΤЄ ΠЄΙΩΤ ΑΥϢΩΠЄ ЄΥΜΗΡ ϨΜΠЄΧΡΙϹΤΟϹ ΙΗϹΟΥϹ. 7 ΠΑΥΛΟϹ ΓΑΡ ϪΩ ΜΜΟϹ ϪЄΠΑΥΛΟϹ ΠЄΤΜΗΡ ΝΤЄΠЄΧΡΙϹΤΟϹ ΙΗϹΟΥϹ ΠΑΠΟϹΤΟΛΟϹ ЄΤΤΑϨΜ[2], 8 ϨΩϹΤЄ ΠЄϹϨΑΙ ΝΤЄΠΝΟΜΟϹ ΝϤЄΡϨΩΒ ΝΜΜΑΝ ϨΝΟΥΜΝΤϨΜϨΑΛ ЄΝΑΝΟΥϹ, ϢΑΝΤΝϬΜϬΟΜ ЄΡϪΟЄΙϹ ЄϪΝΠΑΘΟϹ ΝΙΜ ΑΥΩ ΝΤΝϪΩΚ ЄΒΟΛ ΝΟΥϢΜϢЄ ЄΝΑΝΟΥϤ ΝΤЄΤΑΡЄΤΗ ЄΒΟΛ ϨΙΤΟΟΤϤ ΜΠЄΙΑΠΟϹΤΟΛΙΚΟΝ. 9 ЄϤϢΑΝϨΩΝ[3] ΓΑΡ ЄϨΟΥΝ ЄΤЄΧΑΡΙϹ, ΤΟΤЄ ϢΑΡЄΙΗϹΟΥϹ ϪΟΟϹ ΝΑΥ[3] ϪЄΝϮΝΑΜΟΥΤЄ ϬЄ ΑΝ ЄΡΩΤΝ ϪЄΝΑϨΜϨΑΛ ΑΛΛΑ ЄΙΝΑ-

1 Sic cod. 2 *Ephes.*, III, 1; *Rom.*, I, 1. 3 Sic cod.

[Reliqua, quae codici Sin. georg. 35 desunt, sumimus e cod. Sin. georg. 25 (= B), fol. 71v, l. 12 — fol. 73r.]

მამამან გამოგიცხადე თქუენ »[1]. **10** რაჲმეთუ რომელნი მახლობელ იქმნეს და ისწავლნეს სულისა გან წმიდისა იცნეს თავნი თუისნი გონიერისა[2] მის ებრ არსებისა. **11** ხოლო ცნობისა მის გან თავისა თუისისა, ღაღატყვეს[3] და თქუეს რაჲმეთუ «არა მოგუიღებიეს <...>[4] სული შვილებისაჲ რომლითა ვღაღადებთ აბბა რომელი არს მამაო »[5], რაჲთა ვიცოდით რომელი იგი მოგუანიჭა ჩუენ ღმერთმან; **12** რაჲმეთუ შვილნი ვართ და მკუიდრნი ღმრთისანი და თანამკუიდრნი ქრისტჱსნი[6]. **13** ⌜ძმანი საყუარელნი და წმიდათა თანაზიარნი[7], ყოველივე სათნოებაჲ არა უცხო არს თქუენ გან, არამედ თქუენი არს, და უბრალო ხართ ჴორციელისა გან ცხორებისა და ღმრთისა წინაშე განცხადებულ ხართ. **14** ხოლო ბოროტისა მოქმედსა სულსა არა შევიდის სული ღმრთისაჲ არცა დაიმკუიდრეს ჴორცთა შინა ცოდვითა განკაფულთა, რაჲმეთუ წმიდაჲ ძალი არს და ევლტის ყოვლისა

1 *Ioh.*, XV, 15. 2 გუნიერესა B. 3 Sic B. 4 Lacuna ex haplographia; cfr II, 29. 5 *Rom.*, VIII, 15. 6 *Rom.*, VIII, 17. 7 Sic B (non vocat.).

ⲙⲟⲩⲧⲉ ⲉⲣⲱⲧⲛ ϫⲉⲛⲁϣⲃⲉⲉⲣ ⲙⲛⲛⲁⲥⲛⲏⲩ, ϫⲉⲛⲉⲛⲧⲁⲓⲥⲟⲧⲙⲟⲩ ⲧⲏⲣⲟⲩ ⲛⲧⲙⲡⲁⲉⲓⲱⲧ ⲁⲓⲧⲁⲙⲱⲧⲛ ⲉⲣⲟⲟⲩ[4]. 10 ⲛⲉⲛⲧⲁⲩϩⲱⲛ ⲉϩⲟⲩⲛ ⲅⲁⲣ ⲉⲁⲩⲇⲓⲇⲁⲥⲕⲉ ⲙⲙⲟⲟⲩ ⲉⲃⲟⲗ ϩⲓⲧⲛⲡⲉⲡⲛⲉⲩⲙⲁ ⲉⲧⲟⲩⲁⲁⲃ ⲁⲩⲥⲟⲩⲱⲛⲟⲩ ⲕⲁⲧⲁⲧⲉⲩⲟⲩⲥⲓⲁ ⲛⲛⲟⲉⲣⲁ· 11 ϩⲙⲡⲧⲣⲉⲩⲥⲟⲩⲱⲛⲟⲩ ⲇⲉ ⲁⲩⲱϣ ⲉⲃⲟⲗ ⲉⲩϫⲱ ⲙⲙⲟⲥ ϫⲉⲛⲧⲁⲛϫⲓ ⲅⲁⲣ ⲁⲛ ⲛⲟⲩⲡⲛⲉⲩⲙⲁ ⲙⲙⲛⲧϩⲙϩⲁⲗ ⲉⲩϩⲟⲧⲉ ⲁⲛ, ⲁⲗⲗⲁ ⲟⲩⲡⲛⲉⲩⲙⲁ ⲙⲙⲛⲧϣⲏⲣⲉ, ⲡⲁⲓ ⲉⲧⲛⲱϣ ⲉⲃⲟⲗ ⲛϩⲏⲧϥ ϫⲉ ⲁⲃⲃⲁ ⲡⲉⲓⲱⲧ[5]· ϫⲉⲕⲁⲥ ⲉⲛⲉⲉⲓⲙⲉ ⲉⲛⲉⲛⲧⲁⲡⲛⲟⲩⲧⲉ ⲭⲁⲣⲓⲍⲉ ⲙⲙⲟⲟⲩ ⲛⲁⲛ· 12 ⲉϣϫⲉ ⲁⲛⲟⲛ ⲛϣⲏⲣⲉ, ⲉⲓⲉ ⲁⲛⲟⲛ ϩⲉⲛⲕⲗⲏⲣⲟⲛⲟⲙⲟⲥ, ⲛⲕⲗⲏⲣⲟⲛⲟⲙⲟⲥ ⲙⲉⲛ ⲙⲡⲛⲟⲩⲧⲉ, ⲛϣⲃⲏⲣⲕⲗⲏⲣⲟⲛⲟⲙⲟⲥ ⲛⲛⲉⲧⲟⲩⲁⲁⲃ[6]. 13 ⲛⲁⲥⲛⲏⲩ ⲙⲙⲉⲣⲁⲧⲉ, ⲛⲥⲩⲛⲕⲗⲏⲣⲟⲛⲟⲙⲟⲥ ⲛⲛⲉⲧⲟⲩⲁⲁⲃ, ⲛϩⲉⲛϣⲙⲙⲟ ⲉⲣⲱⲧⲛ ⲁⲛⲛⲉ ⲁⲣⲉⲧⲏ ⲛⲓⲙ, ⲁⲗⲗⲁ ⲛⲟⲩⲧⲛⲛⲉ, ⲉⲧⲉⲧⲛϭⲏⲡ ⲁⲛ ⲉⲃⲟⲗ ϩⲙⲡⲉⲓⲃⲓⲟⲥ ⲛⲥⲁⲣⲕⲓⲕⲟⲛ, ⲉⲧⲉⲧⲛⲟⲩⲟⲛϩ ⲇⲉ ⲉⲃⲟⲗ ⲙⲡⲛⲟⲩⲧⲉ. 14 ⲙⲉⲣⲉⲡⲉⲡⲛⲉⲩⲙⲁ ⲅⲁⲣ ϩⲱⲛ ⲉϩⲟⲩⲛ ⲉⲟⲩⲯⲩⲭⲏ ⲉⲣⲉⲡⲉⲥϩⲏⲧ ϫⲁϩⲙ ⲟⲩⲇⲉ ⲟⲩⲥⲱⲙⲁ ⲛⲣⲉϥⲣⲛⲟⲃⲉ· ⲟⲩⲁⲅⲓⲟⲛ ⲛⲇⲩⲛⲁⲙⲓⲥⲡⲉ ⲉϥⲥⲁϩⲏⲩ ⲉⲃⲟⲗ ⲛⲕⲣⲟϥ

4 *Joh.*, XV, 15. 5 *Rom.*, VIII, 15. 6 *Rom.*, VIII, 7.

გან ზაკვისა[8]. **15** ჭეშმარიტად, საყუარელნო, რაჲმეთუ[9] კაცთა გონიერთა მივსწერ თქუენდა[10], რომელთა ეგე შეუძლეთ თავთა თუისთა ცნო[ბად]; რაჲმეთუ რომელმან თავი თუისი იცნა მან ღმერთი იცნა; ხოლო რომელმან ღმერთი იცნა თანააცს მას თაყუანისცემად ღმრთისა ვითარ იგი ჯერ არს. **16** საყუარელნო უფლისა მიერ, გულისხმაყუენით თავნი თუისნი, რაჲმეთუ რომელთა თავნი თუისნი გულისხმაყუნეს ჟამიცა იგი თუისი იცნეს; ხოლო რომელთა ჟამი თუისი იცნეს შემძლებელ იქმნეს იგინი თავთა თუისთა დამტკიცებად, და ვერ შეირყინეს იგინი თითოპირთა გან ენათა. **17** ხოლო არიოზის თუის რომელი აღდგა ალეკსანდრიას და იტყოდა სიტყუათა უცხოთა მხოლოდშობილისა თუის — რაჲმეთუ რომელსა ჟამ არა აქუნდა სცა მას ჟამი, და დაუსრულებელსა მას დაბადებულთა თანა მოსცა აღსასრული, და ურყეველი იგი თქუა შერყეულად —, **18** ხოლო ამას ვიტყუი: უკუეთუ კაცმან კაცსა შესცოდოს, ღმრთისა მიმართ ილოცვიდენ მის თუის კაცნი; უკუეთუ ღმერთსა შესცოდოს[11] ვისა მიმართ[12] ილოცვიდენ მის თუის[13]? **19** მან უკვე კაცმან

8 Cfr *Sap.*, I, 4-5. 9 Sic B (რ); leg. ვა = ვითარცა. 10 Cfr 1 *Cor.*, X, 15.
11 შესცოდონ B. 12 მიმარ B. 13 1 *Sam.*, II, 25.

ⲛⲓⲙ[7]. 15 ⲁⲗⲏⲑⲱⲥ, ⲛⲁⲙⲉⲣⲁⲧⲉ, ⲉⲓⲥϩⲁⲓ ⲛⲏⲧⲛ ⲛⲑⲉ ⲛϩⲉⲛⲣⲱⲙⲉ ⲛⲗⲟⲅⲓⲟⲥ[8] ⲉⲁⲩϭⲙϭⲟⲙ ⲛⲥⲟⲩⲱⲛⲟⲩ· ⲡⲉⲛⲧⲁϥⲥⲟⲩⲱⲛϥ ⲅⲁⲣ ⲁϥⲥⲟⲩⲛⲡⲛⲟⲩⲧⲉ, ⲡⲉⲛⲧⲁϥⲥⲟⲩⲛⲡⲛⲟⲩⲧⲉ ϥⲙⲡϣⲁ ⲉⲧⲣⲉϥⲟⲩⲱϣⲧ ⲛⲁϥ ⲕⲁⲧⲁⲑⲉ ⲉⲧϣϣⲉ. 16 ⲛⲁⲙⲉⲣⲁⲧⲉ ϩⲙⲡϫⲟⲉⲓⲥ, ⲥⲟⲩⲛⲧⲏⲩⲧⲛ· ⲛⲉⲛⲧⲁⲩⲥⲟⲩⲱⲛⲟⲩ ⲅⲁⲣ ⲁⲩⲥⲟⲩⲛⲡⲉⲩⲟⲩⲟⲉⲓϣ· ⲛⲉⲛⲧⲁⲩⲥⲟⲩⲛⲡⲉⲩⲟⲩⲟⲉⲓϣ ⲇⲉ ⲁⲩϭⲙϭⲟⲙ ⲛⲧⲁϩⲟⲟⲩ ⲉⲣⲁⲧⲟⲩ, ⲛⲥⲉⲕⲓⲙ ⲁⲛ ⲉⲃⲟⲗ ϩⲓⲧⲛϩⲉⲛⲁⲥⲡⲉ ⲉⲩϣⲟⲃⲉ. 17 ⲉⲧⲃⲉⲁⲣⲓⲟⲥ ⲅⲁⲣ ⲛⲧⲁϥⲧⲱⲟⲩⲛ ϩⲛⲣⲁⲕⲟⲧⲉ, ⲁϥϫⲱ ⲛϩⲉⲛϣⲁϫⲉ ⲛϣⲙⲙⲟ ⲉⲧⲃⲉⲡⲙⲟⲛⲟⲅⲉⲛⲏⲥ, ϫⲉⲡⲉⲧⲉⲙⲙⲛⲧϥⲁⲣⲭⲏ ⲁϥϯⲁⲣⲭⲏ ⲛⲁϥ, ⲡⲁⲧϣⲁϫⲉ ⲙⲙⲟϥ ϩⲛⲛⲣⲱⲙⲉ ⲁϥϯⲧⲉⲗⲟⲥ ⲛⲁϥ, ⲡⲓⲁⲧⲕⲓⲙ ⲁϥϯⲕⲓⲙ ⲛⲁϥ. 18 ⲉⲣϣⲁⲛⲟⲩⲣⲱⲙⲉ ⲉⲣⲛⲟⲃⲉ ⲉⲩⲣⲱⲙⲉ ϣⲁⲩⲥⲟⲡⲥⲡⲛⲟⲩⲧⲉ ⲉϫⲱϥ· ⲉϥϣⲁⲛⲉⲣⲛⲟⲃⲉ ⲇⲉ ⲉⲡⲛⲟⲩⲧⲉ ⲉⲩⲛⲁⲥⲉⲡⲥⲛⲓⲙ ⲉϫⲱϥ[9]; 19 ⲡⲣⲱⲙⲉ ⲟⲩⲛ ⲉⲧⲙⲙⲁⲩ ⲁϥϩⲓⲧⲟⲟⲧϥ

7 *Sap.*, I, 4. 8 Cfr 1 *Cor.*, X, 15. 9 Cfr 1 *Sam.*, II, 25.

ჲდიდსა საქმესა ჴელი შეყო საქმედ, და წყლულებაჲ მისი განუკურნებელ არს. **20** უკუეთუმცა თავი თუისი ეცნა ეგევითარსა მას კაცსა ვერმცა იტყოდა ენაჲ მისი რომელი იგი არა იცოდა ; არამედ ამით ცხად არს რაჲმეთუ თავი თუისი ვერ იცნა.

ⲉⲟⲩⲛⲟϭ ⲛⲕⲁⲓⲫⲁⲗⲁⲓⲟⲛ, ⲟⲩⲡⲗⲏⲅⲏ ⲛⲁⲧⲧⲁⲗϭⲟ · 20 ⲉⲛⲉⲛⲧⲁⲡⲉⲧⲙⲙⲁⲩ ⲅⲁⲣ ⲥⲟⲩⲱⲛϥ ⲙⲙⲓⲛⲉ ⲙⲙⲟϥ, ⲛⲉⲣⲉⲡⲉϥⲗⲁⲥ ⲛⲁϫⲱ ⲁⲛⲡⲉ ⲙⲡⲉⲧⲉⲛϥⲥⲟⲟⲩⲛ ⲙⲙⲟϥ ⲁⲛ · ⲁⲗⲗⲁ ϥⲟⲩⲟⲛϩ ⲉⲃⲟⲗ ϫⲉⲙⲡⲉϥⲥⲟⲩⲱⲛϥ.

INDEX VERBORUM NOTABILIORUM

TABLE DES MATIÈRES